UNIVERSITÉ DE PARIS. — FACULTÉ DE DROIT

DE L'USURPATION

DE

TITRES NOBILIAIRES

(ÉTUDE HISTORIQUE ET JURIDIQUE)

Se croire un personnage est fort
commun en France...

LA FONTAINE.

THÈSE POUR LE DOCTORAT

Présentée et soutenue le samedi 24 février 1900, à 2 h. 1/2

PAR

JOSEPH HÉDOUIN

AVOCAT A LA COUR D'APPEL DE PARIS

Président : M. LAINÉ.

Suffragants : { MM. PLANIOL, SALEILLES, } *professeurs.*

PARIS

LIBRAIRIE NOUVELLE DE DROIT ET DE JURISPRUDENCE

ARTHUR ROUSSEAU, ÉDITEUR

14, RUE SOUFFLOT ET RUE TOULLIER, 13

1900

Imp. J. THEVENOT, Saint-Dizier (Hte-Marne)

THÈSE

POUR LE DOCTORAT

UNIVERSITÉ DE PARIS. — FACULTÉ DE DROIT

DE L'USURPATION

DE

TITRES NOBILIAIRES

(ÉTUDE HISTORIQUE ET JURIDIQUE)

Se croire un personnage est fort
commun en France...
LA FONTAINE.

THÈSE POUR LE DOCTORAT

L'ACTE PUBLIC SUR LES MATIÈRES CI-APRÈS
Sera soutenu le samedi 24 février 1900, à 2 h. 1/2

PAR

Joseph HÉDOUIN

AVOCAT A LA COUR D'APPEL DE PARIS

Président : M. LAINÉ.

Suffragants : { MM. PLANIOL, SALEILLES, } *professeurs.*

PARIS

LIBRAIRIE NOUVELLE DE DROIT ET DE JURISPRUDENCE

ARTHUR ROUSSEAU, ÉDITEUR

14, RUE SOUFFLOT ET RUE TOULLIER, 13

1900

A LA MÉMOIRE DE MON PÈRE

A MA MÈRE

INDEX ALPHABÉTIQUE DES OUVRAGES

CONSULTÉS ET CITÉS

Annuaire du Conseil héraldique de France. Paris.

Annuaire de la noblesse de France et des maisons souveraines
de l'Europe, publié sous la direction de M. Borel d'Hauterive.

Bacquet. — Traité du droit d'anoblissement. Ch. 22.

Boecker (Louis de). — La noblesse flamande de France en présence de l'article 259 du Code pénal. In-12, 1859.

Barthélémy (A. de). — Etude sur les lettres d'anoblissement.
Paris, 1869.

— Recherche sur la noblesse maternelle. Paris, in-8, 1861.

Barthélémy (E. de). — La noblesse avant et depuis 1789. Paris,
1858.

— De la noblesse au XIXe siècle et du rétablissement des dispositions pénales. In-12, 1857.

Beaune (H.). — Les distinctions honorifiques et la particule.
In-12, 1862.

— La noblesse bourgeoise. Lyon, 1883, in-8.

Beautemps-Beaupré. — Du droit des propriétaires de fief
d'ajouter le nom de leur fief à leur nom patronymique. Paris,
1863.

Belbeuf (Marquis de). — De la noblesse française en 1861 par
un maire de village. In-8, 1861.

Biston (P.). — La fausse noblesse en France. Paris, 1861, in-12.

— De la noblesse maternelle en Champagne. Châlons, in-12,
1859.

-- L'abus des changements de noms. Châlons, 1859, in-12.

— De la modification de l'article 259 du Code pénal et des preuves et de la légitimité des titres nobiliaires. Epernay, 1858,
in-8.

— De l'avilissement des titres de noblesse sous l'ancien régime.
Paris, 1885.

Blanche. — Etudes pratiques sur le Code pénal, tome IV,
p. 283 et suiv.

Bonneserre de St-Denis. — De l'origine de la noblesse et des anoblissements (*Revue nobiliaire*, t. 1, 1862-1863, n°° 1, 7).

Boulainvilliers. — Essai sur la noblesse de France, 1732, in-8.

Brenier de Montmorand (Vicomte). — La société française contemporaine. Paris, 1899.

Brillon. — Dictionnaire des arrêts ou jurisprudence universelle des parlements de France et autres tribunaux. Paris, 1711, 3 vol. in-fol.

Brouchoud. — De la noblesse des médecins et des avocats en France jusqu'au XVIIIᵉ siècle. In-8, 1860.

Calonne (Vicomte de). — Noblesse de contrebande. Paris, 1885, in-8.

Carré de Busserolle. — Les vrais et les faux titres de noblesse. — Liste des titres concédés à des familles de la Touraine, de l'Anjou, du Maine et du Poitou. In-8, 1886.

Caumartin (de). — Notes sur la recherche des nobles de la province de Champagne en 1673. Paris, 1883, in-12.

Champeaux (de). — Honneur et Patrie ou la noblesse aux armées, t. 1ᵉʳ, Nevers, 1893, in-4.

Chassant (A.). — Les nobles et les vilains du temps passé. Paris, 1857.
— Nobiliana. Curiosités nobiliaires, 1858, in-8.

Chergé (Ch. de). — Lettres d'un paysan gentilhomme sur la loi du 28 mai 1858 et le décret du 8 janvier 1859. In-8, 1860.

Chérin. — Abrégé chronologique d'édits, déclarations, règlements, arrêts et lettres patentes des rois de France de la 3ᵉ race concernant le fait de la noblesse. Paris, 1788, in-12.

Claveret. — Comédie de l'Ecuyer ou des faux nobles, 1866.

Coquille (Guy). — Commentaire de la coutume de Nivernais.

Corbet (Alès de). — Origine de la noblesse française, 1766, in-12.

Courcy (Pol de). — De la noblesse et de l'application de la loi contre les usurpations nobiliaires. In-8, 1858.

Crépon (Th.). — Du droit d'anoblissement et de l'usurpation de la noblesse avant 1789. Angers, 1860, in-8.

Crouy-Chanel (Prince de). — La noblesse et les titres nobiliaires dans les sociétés chrétiennes. Paris, 1857, in-8.

Dalloz. — *Recueil périodique de jurisprudence et de législation*. Paris. *Répertoire méthodique et alphabétique de doctrine et de jurisprudence*. Paris, V° Noblesse, V° Usurpation de titres. *Supplément au Répertoire*, V° Noblesse, V° Usurpation de titres. Code pénal annoté. *Usurpation de titres*, p. 345 à 358.

Decrue. — *Revue historique*, t. 23, p. 315 et suiv.

Deloche. — De la question relative à l'existence d'une noblesse dans la société gallo-franque, sous les rois de la 1re race, dans la trustis et l'autrustion royal. Paris, 1873, p. 345 et suiv.

Denisart. — Collection de décisions nouvelles et de notions relatives à la jurisprudence actuelle. Paris, 1771.

Dupin. — Profession d'avocat. 2 vol. Paris, 1830.

Dupré (Léon). — Discours du procureur général à la rentrée de la Cour d'Agen (*Gaz. des Tribunaux* du 27 décembre 1860).

Décret de l'Assemblée nationale du 19 juin 1790.

    Protestations contre ce décret par plusieurs membres de la noblesse.

    Protestation motivée de M. de Vauquelin né marquis de Vrigny, député de la noblesse du bailliage d'Alençon. Paris s. d., in-8.

Esmein. — Cours élémentaire d'histoire du droit français. Paris, 1892.

Estaintot (Ch.). — Des titres de l'ancienne noblesse. In-32, 1848.

Vicomte Robert d'E... — Des usurpations de titres nobiliaires au double point de vue de l'histoire et du droit pénal. In-18, 1858.

Faustin-Hélie. — Le droit pénal dans la législation romaine (*Revue critique*, 1882).

Fustel de Coulanges. — L'invasion germanique et la fin de l'Empire. Paris, 1891, p. 345 et suiv.

— La cité antique.

Fuzier-Hermann. — Recueil général alphabétique de droit français. Paris.

Gaillardet (F.). — L'aristocratie en Amérique. In-12, 1883.

Garraud (R.). — Traité théorique et pratique du droit pénal français. 4 vol. in-8, 1888-1890.

Gérard (P.). — Histoire de la législation nobiliaire de Belgique. In-8, 1846.

Germain (F.). — Du rétablissement légal de la noblesse. In-32, 1857.

Girard (J.). — Des titres de noblesse et des noms nobiliaires. In-12, 1857.

Glasson. — Histoire du droit et des institutions de l'Angleterre.

Godet de Soudé (Fr.). — Dictionnaire des anoblissements, extrait des registres de la Chambre des comptes, depuis 1345 jusqu'en 1660. Paris, in-8, 1876.

Gourcy (Abbé de). — Quel fut l'état des personnes en France sous la 1re et la 2e race de nos rois. Paris, 1769.

Grange (Marquis de la). — De la noblesse comme institution impériale. Paris, 1857.

Granier de Cassagnac. — Histoire des classes nobles et des classes anoblies. In-8, 1840.

Guigard. — Bibliothèque héraldique de la France.

Guyot. — Répertoire universel et raisonné de jurisprudence civile, criminelle, canonique, 1784.

Hamel. — Les principes de 1789 et les titres de noblesse. 1858, in-16.

Hauteserre. — *De ducibus et comitibus provincialibus Galliæ. Libri tres. Accessit de origine statu feudorum pro moribus Galliæ, liber singularis.* Toulouse, 1643, in-4.

Hervé de Broc. — Essai historique sur la noblesse de race. In-4, 1877, Le Mans.

Humblet. — Traité des noms, des prénoms et des pseudonymes

Isambert. — Anciennes lois.

Jobard. — Constitution d'une noblesse industrielle à l'aide des marques de fabrique considérées comme blason de l'industrie et du commerce.

Jousse. — Traité de la justice criminelle. L. 3, p. 680.

Laborde. — Cours de droit criminel. Paris, 1898.

La Bruyère. — Caractères, chapitre XIV.

Lallier (J. A.). — De la propriété des noms et des titres. Paris, 1890, in-8.

Lavedan (Henri). — Les deux noblesses. Comédie en 3 actes. Paris, 1897, in-18.

Lévesque (A.). — Du droit nobiliaire français au XIX° siècle. Paris, 1866, in-8.

Locré. — Législation civile, commerciale et criminelle, tome 30, p. 304 et 305.

Loisel. — *Institutes coutumières*, livre 1er, titre 1er, règles 25 à 33 avec notes de Laurière.

Louandre (Ch.). — La noblesse française sous l'ancienne monarchie. Paris, 1880, in-12.

Loyseau. — Traité des ordres, livre 5, chapitres IV, VI.

Luchaire. — Manuel des Institutions françaises (Période des Capétiens directs), p. 178 à 183. Paris, 1892.

Le Luyer Morvan. — A propos de la noblesse. Paris, 1858, in-8.

Magny (Marquis de). — De la répression des usurpations de noms et titres de noblesse. Turin, 1869.

Maigne (W.). — Abrégé méthodique de la science des armoiries. Paris, 1860, in-8.

Marsy (Comte de). — La noblesse de Belgique. Angers, 1883, in-8.

Matthæus. — *De nobilitate. De principibus, de ducibus, de comitibus*. 1686, in-4.

Maugard. — Remarques sur la noblesse. Paris, 1788, in-8. — Code de la noblesse, 1789, in-8.

Mauroy (A. de). — De la noblesse maternelle. St-Amand (Cher), 1891, in-8.

Maury (A.). — La noblesse avant et depuis la Révolution (*Revue des Deux-Mondes*, 15 décembre 1882).

Merlin. — Répertoire, Vᵒ *Noblesse*, Vᵒ *Nom*.

Mignot de Bussy. — Lettres sur l'origine de la noblesse de France. Lyon, 1763, in-8.

Mirabeau (Comte de). — Opinion du Comte de Mirabeau sur la noblesse ancienne et moderne. Paris, 1815, in-8.

Montluc (Léon de). — La question des titres nobiliaires (Extrait de la *Revue de la réforme judiciaire*, 1886).

Mounier (L.). — De l'action de la noblesse et des classes supérieures dans les sociétés modernes. In-8, 1848.

Muyart de Vouglans. — Lois criminelles de la France, p. 271-272.

Napoléon Iᵉʳ. — Correspondance, t. XII, p. 154, 155, 201, 233.

Napoléon III. — Œuvres, t. II, chap. des Nobles.

Naudet. — De la noblesse chez les Romains, 1863, in-8.

Neyremand (de). — Nécessité de réprimer les changements de noms, 1888.

Nimal (de). — Nobles et noblesse. Paris, 1892.

Origny (P. d'). — Le hérault de la noblesse de France. In-8, 1876.

Pasquier (Et.). — Recherches sur la France (V. Œuvres. Amsterdam, 1723, 2 vol. in-fol.).

Paulin-Paris. — De la particule dite nobiliaire (V. *Annales, séances et travaux de l'Académie de Reims*, t. 33, p. 1 à 24).

Pothier. — Œuvres, t. VI. Traité des personnes, p. 557 à 570.

Pouillet. — Marques de fabrique. Table, Vᵒ *Nom commercial*, nᵒ 378.

Procédure (de la) en matière nobiliaire devant le Conseil du sceau des titres et les tribunaux depuis la loi du 28 mai 1858 et le décret du 8 janvier 1859. — (Anonyme). In-12, 1861.

Rauter. — Traité de droit criminel, t. Iᵉʳ, nᵒ 398.

Roque (Gilles André de la). — Traité de la noblesse et de ses diverses espèces. Rouen, 1734, in-4.

Royer (Vicomte de). — Avons-nous une noblesse française (Extrait de la *Revue des Revues*, Paris, 1898).

Revue des revues. — Noblesse italienne (1894).

— Noblesse allemande (1895).

— Noblesse russe (1895).

— Noblesse française (1898).

Revue nobiliaire. — Collection.

Revue critique. — II, 577.

— Wolowski, XXI, p. 285.

— Fœlix, XII, p. 561.

Richebourg (Charles A. Bourdot de). — Nouveau coutumier général. Paris, 1724, in-folio.

Recueil des statuts, décrets, ordonnances et avis relatifs aux titres nobiliaires et au Conseil du sceau des titres publié par ordre du garde des sceaux. Paris, 1860, in-8.

— Extraits des registres du Conseil d'Etat.

Saint-Allais (Nicolas Viton de). — Dictionnaire encyclopédique de la noblesse de France. 1816, 3 vol. in-8.

— De l'ancienne France, Paris, 1833-1834, 2 vol. in-8.

Semainville (Comte de). — Code de la noblesse française. Paris, 1860, in-8.

Sénémand (Edm.). — De la noblesse actuelle en France. 1857, in-16.

Sirey. — Recueil général des lois et arrêts. Paris.

Tabary. — Essai sur la noblesse de France. Paris, 1732, in-12.

Taine (H.). — Les origines de la France contemporaine. L'ancien régime. Paris, 1876, in-8.

Tocqueville (A. de). — L'ancien régime et la Révolution. 4ᵉ éd. 1 vol. in-8, 1860.

Tournade. — Des noms de famille et des titres de noblesse, Thèse. Paris, 1882, in-8.

Tourtoulon (Ch. de). — De la noblesse dans ses rapports avec nos mœurs et nos institutions. Paris, 1857, in-12.

— L'hérédité et la noblesse. 1862, in-12.

— Du droit, de l'usage et de l'abus en fait de titres. 1865, in-8.

Van Olden (Eduardus). — De usurpatione titulorum et munerum. Lyon, 1836, in-8.

Viau. — La particule nobiliaire suivie des armoiries de Paris. 1880, in-16.

Villargues (Rolland de). — Les codes criminels interprétés par la jurisprudence et la doctrine.

Villey (Edm.). — Précis d'un cours de droit criminel. 5ᵉ éd. Paris, 1890, in-8.

Vincent (Baron de). — Etude sur la noblesse. Paris, 1858.

Viollet. — Histoire du droit civil français, p. 247 à 266.

— Etablissements de saint Louis. L. 1ᵉʳ, p. 168 à 174.

Watteville (Baron de). — De la création d'une noblesse nationale aux Etats-Unis. Paris, 1892, in-8.

Code pénal de 1810. — Rapports. Edition officielle du corps législatif.

Code pénal allemand. Par. 132.

Dictionnaire des anoblis suivi du dictionnaire des familles qui ont fait modifier leurs noms. Paris, 1875.

Dictionnaire héraldique de Grandmaison.

Dictionnaire universel de la noblesse de France, par de Courcelles.

La grande encyclopédie. Vᵒ Noblesse, Paris.

Encyclopédie méthodique. Art. Noblesse.

Journal de droit international privé. Collection.

Gazette des tribunaux. Collection.

Grandes chroniques de France. Ed. Paulin-Paris, t. IV, p. 380.

Ordonnances des rois de France de la 3ᵉ race, par MM. de Laurière, Secousse, de Brequigny, de Pastoret, Pardessus. 21 tomes. Paris, 1723-1849, in-folio.

Traité de la police, par M. Delamare. Paris, 1722, in-folio.

DE

L'USURPATION DE TITRES NOBILIAIRES

(ÉTUDE HISTORIQUE & JURIDIQUE)

INTRODUCTION

Depuis cent ans, les idées et les principes qui gouvernent les sociétés humaines se sont profondément modifiés, et dans le domaine de la politique, comme dans celui de la science, il s'est produit une importante évolution. Nos ancêtres, du temps de Louis XI, ou de Louis XIV, concevaient l'organisation sociale d'une autre manière que nous-mêmes, et les bases du droit public comme du droit privé étaient au XIIIe, au XVe et au XVIIe siècles, très différentes de ce qu'elles sont aujourd'hui.

C'est ainsi que, sous l'ancien régime, la classification des personnes qui composaient l'État était bien nettement déterminée, et que s'étaient établies trois catégories très distinctes de citoyens ayant chacune ses coutumes et ses privilèges, en même

H. — 1

temps que son rang social : le clergé, la noblesse et le tiers état.

Il semblait impossible de concevoir une nation autrement organisée et celui qui prétendait sans droit s'introduire dans une classe supérieure à celle où l'avait fait naître le sort devait être, sous un pareil régime, sévèrement puni.

La noblesse en particulier jouait un rôle prépondérant dans l'État, et ce rôle elle l'avait acquis par des services signalés rendus dans la suite des siècles. Bien souvent elle avait répandu le meilleur de son sang sur les champs de bataille : à Taillebourg, à Bouvines, et durant la guerre de Cent Ans, la fleur de la chevalerie française avait été sacrifiée, et c'était à bon droit que, pour récompenser cet héroïsme tant de fois renouvelé, les nobles de vieille race avaient reçu de la royauté des faveurs et des privilèges.

A côté de cette antique noblesse dont l'origine se perdait dans la nuit des temps, une nouvelle noblesse prit naissance. On l'accordait à des hommes qui s'étaient rendus utiles à l'État, dans l'administration, la justice ou d'une autre façon, et qui jouissaient des mêmes droits et des mêmes privilèges que leurs aînés. C'était toute la nombreuse catégorie des anoblis.

Pour que cet ordre de la noblesse conservât tout le prestige et toute l'influence auxquels il avait droit, il était indispensable d'empêcher le premier venu de se parer de qualifications et de titres qui ne lui appartenaient pas, car il ne les avait pas gagnés.

Une telle usurpation était une atteinte portée à l'organisation sociale et appelait par le fait même un châtiment sévère.

D'autre part, il était parfaitement compréhensible que de nombreuses personnes cherchassent à entrer dans ce corps de la noblesse, à cause des importants avantages pécuniaires et honorifiques qui en étaient l'apanage. De là, dans le cours de l'ancien régime, surtout à partir du XVIe siècle, de très fréquentes usurpations se produisirent, et pour les réprimer les rois firent de non moins fréquents édits, ordonnances et règlements destinés à châtier les coupables. Mais la Révolution de 1789 vint, préparée par les abus qui avaient libre cours et les inégalités sociales. A côté de réformes excellentes qui auraient aussi bien pu se faire par des moyens pacifiques, l'on vit une réaction violente et exagérée contre toutes les institutions de l'ancienne France.

C'est ainsi qu'après avoir très justement proclamé l'égalité de tous les citoyens devant la loi et devant l'impôt (ce qui était une réforme parfaite) et supprimé les ordres de l'État, on s'acharna à extirper le vieil arbre séculaire de la noblesse, qui avait dans le sol du pays de profondes racines. On s'attaqua aux personnes, les uns périrent sur l'échafaud, les autres partirent en exil. On mit la main sur les biens, et l'on en arriva même par horreur des souvenirs de la féodalité, et par crainte de les voir renaître un jour, à brûler toutes les chartes et les documents les plus précieux constatant des titres ou des privilèges immémoriaux (on en fit ainsi des gargousses ou des bourres de fusil). On supprima tous les titres, toutes les appellations honorifiques, et la seule qualification de citoyen fut appliquée à tout Français par la Convention nationale.

Agir ainsi, c'était aller trop loin et ne pas connaître la nature humaine. Parmi les hommes, il y en aura toujours qui s'élèveront au-dessus des autres, par leur vertu, leur talent, ou leur mérite, et ceux-là, il faudra les stimuler en les distinguant du commun, et en leur accordant sinon des privilèges au moins des honneurs spéciaux.

Aussi, quand la crise fut passée, vit-on renaître quelques-unes des institutions du passé, non plus sans doute sous la même forme, et dans les mêmes conditions, mais en rapport avec les principes nouveaux qui régissent la société moderne.

Aujourd'hui la noblesse n'existe plus, au sens précis de ce mot, c'est-à-dire en tant que caste possédant illustration et privilèges. Plus de terres nobles et de terres roturières. Si l'on préfère, proclamons qu'il n'y a plus de roturiers dans la nation : tous ses membres, selon une belle parole, portent dans leur cœur leurs lettres de noblesse. Ce qui signifie, dans les deux cas, que tous les citoyens sont égaux devant la loi et que le règne des privilèges a cessé.

Cependant, en parcourant les actes publics, les annuaires, les publications ou contrats de toutes sortes, nous constatons qu'un assez grand nombre de gens s'obstinent à placer devant leur nom patronymique un titre de noblesse, ou bien abandonnant le nom de leurs pères, se font désigner par l'appellation d'une terre leur appartenant ou d'un village qu'ils habitent, en plaçant devant une particule. Ils espèrent ainsi faire croire à une origine lointaine. Les titres nobiliaires sont implicitement reconnus par la loi puisqu'un article spécial du Code pénal les protège contre l'usurpation, mais ces titres ne sont plus, bien entendu, que de simples qualifications honorifiques.

Parmi ceux qui portent un titre, les uns y ont droit, les autres (et ils se multiplient tous les jours) s'en sont emparés indûment. Cet abus devient d'autant plus fréquent, que les faux titrés, les faux nobles savent parfaitement d'abord qu'il est très difficile, sinon impossible, en l'absence d'un Code nobiliaire traçant les règles de la collation et de la transmission des titres, de faire jaillir la lumière et la vérité dans une matière aussi confuse et aussi variable que celle-là, ensuite que la loi reste en ce moment lettre morte, et que le Gouvernement républicain, par son principe même, ne s'occupe pas de la question.

Il nous a paru intéressant de rechercher dans le passé les sources de la noblesse et des titres, et surtout d'étudier les cas très divers d'usurpation de noblesse et de titres.

L'usurpation, qu'est-ce donc ? Au *Répertoire universel de jurisprudence* de Guyot, nous trouvons cette définition très juste : « L'usurpation, c'est l'action de s'emparer par violence ou par ruse d'un bien, d'une dignité, d'un état qui appartient à un autre.

« Ainsi celui qui prend le nom et les armes d'une maison dont il n'est pas issu est un usurpateur de nom. De même celui qui, n'étant pas noble, se qualifie d'écuyer ou de chevalier, est un usurpateur de noblesse. »

Nous montrerons les rois, en même temps qu'ils multiplient les anoblissements, et par le fait déconsidèrent la noblesse de race, édictant de très fréquentes et de très sévères mesures contre les usurpateurs de noblesse.

Ils voulaient bien permettre à des roturiers de devenir nobles contre le versement d'une somme importante au Trésor royal, mais ils défendaient à ces mêmes roturiers de prendre sans droit la qualité de noble, car c'était causer un tort manifeste aux finances de l'État en se rangeant de leur propre autorité dans la catégorie des privilégiés et des exemptés de la taille. Le motif qui inspirait les ordonnances et édits contre les usurpateurs, fut donc plutôt un intérêt fiscal qu'un intérêt pour la noblesse elle-même. Au point de vue historique, la question de l'usurpation des titres est donc importante et digne de recherche.

Et de nos jours, comment a-t-on traité, non plus les usurpateurs de noblesse, puisque celle-ci a disparu, mais les individus qui se parent sans droit de titres honorifiques? Y a-t-il une raison de les soumettre à une peine, principalement sous un régime démocratique comme le nôtre? Notre étude offrira par là un côté politique et social.

Un article du Code pénal français, l'article 259, prévoit dans un alinéa spécial la question qui nous intéresse : il constituera donc le principal texte sur lequel nous aurons à discuter. Dans un autre alinéa, le même article vise un fait qui semble, à première vue, rentrer dans notre ordre d'idées, à savoir le port illégal de costume, d'uniforme ou de décoration. Mais en y réfléchissant, nous percevons clairement que cela ne fait pas partie de notre sujet, et que ce serait un véritable hors-d'œuvre que de nous y arrêter même sous forme d'appendice.

Nous laisserons également de côté l'usurpation de fonctions publiques : sans doute le législateur semble joindre cette usurpation à celle des titres nobiliaires, puisqu'il s'en occupe dans l'article précédent (art. 258) au même paragraphe du Code pénal, paragraphe VII de la section IV intitulée : *Résistance, désobéissance et autres manquements envers l'autorité publique*, sous le chapitre III (*Crimes et délits contre la paix publique*), titre Ier, livre 3.

De plus, on pourrait peut-être dire, pour justifier le rapprochement, que jadis, sous l'ancien régime, les fonctions publiques furent tout d'abord un moyen de parvenir à la noblesse et aux titres, même l'origine de la plupart des dénominations honorifiques, tandis que plus tard elles devinrent l'apanage exclusif des nobles et des titrés. Il y eut donc à ce moment un lien très déterminé. Et aussi ne pourrait-on pas soutenir que, sous un gouvernement démocratique où la noblesse ne joue plus aucun rôle, les fonctions publiques tiennent la place attribuée aux titres sous une monarchie et sont, en principe du moins, la récompense du mérite et de la vertu, et par là même un puissant objet d'émulation et de convoitise. L'intérêt public se serait déplacé et alors qu'autrefois il exigeait que l'on frappât de peines sévères les usurpateurs de noblesse, aujourd'hui il réclamerait le châtiment des fonctionnaires sans investiture et sans droit. Mais, dira-t-on, ce sont là des raisons superficielles qui ne justifient pas suffisamment la jonction des deux faits. C'est pourquoi, voulant conserver l'unité de notre travail, avons-nous borné notre étude uniquement à l'usurpation de titres nobiliaires.

Voici dans quel ordre nous procéderons : nous diviserons le sujet en quatre chapitres :

Dans le chapitre premier, nous traiterons de l'usurpation de noblesse dans l'antiquité et dans l'ancien droit français.

Le chapitre second montrera les titres nobiliaires en face de la Révolution.

Le chapitre troisième sera consacré aux titres et autres signes dits nobiliaires, dans le droit moderne.

Un quatrième chapitre aura pour objet la noblesse étrangère.

Nous essaierons, sous forme de conclusion, de dégager les principes qui doivent inspirer notre législation contemporaine vis-à-vis de la nombreuse catégorie des faux titrés.

CHAPITRE PREMIER

LA NOBLESSE DANS L'ANTIQUITÉ ET DANS
L'ANCIEN DROIT FRANÇAIS.

SECTION I. — La noblesse dans l'antiquité.

Nous ne voulons pas tracer l'histoire de la noblesse dans l'antiquité : cela ne rentre pas dans notre sujet ; et, de plus, les renseignements que nous pourrions recueillir n'ont rien de bien précis. Jetons seulement un rapide coup d'œil chez quelques peuples anciens et voyons ce que nous y trouvons.

La première constatation que nous faisons est celle-ci : partout il y a eu des hommes dominant d'autres hommes, placés au-dessus d'eux dans un rang ou une caste déterminée. Tantôt cette suprématie provient de la naissance, tantôt des vertus ou de la science, tantôt des richesses. Chez les Hébreux, les aînés jouissent d'avantages considérables sur leurs cadets : c'est une sorte de noblesse consacrée par la bénédiction paternelle et qui se traduit par une part très considérable de la succession de la famille. Chez les Juifs, trois causes principales faisaient réputer noble : le zèle religieux, l'éminence des dignités, la suprême dignité sacerdotale.

Chez les Égyptiens et les Indiens, à côté de la caste des prêtres, existe celle des gens de guerre, chargés de défendre par les armes le sol et les habitants.

En Grèce, à Athènes comme à Sparte, nous rencontrons des nobles possédant un certain pouvoir et commandant au reste du peuple. Comme marque distinctive, les nobles athéniens portent des ornements d'or sur la tête.

A Rome enfin, dès le début, le peuple est divisé en patriciens et plébéiens. Les patriciens faisaient remonter leur origine aux 300 sénateurs créés par Romulus. Leurs descendants étaient tenus pour nobles sans avoir occupé aucune charge. C'était une véritable noblesse de race.

A l'exception de ces 300 familles dont la plupart étaient éteintes sous l'Empire, la noblesse romaine était une noblesse d'offices, composée de chevaliers, de sénateurs et de tous ceux qui avaient rempli d'importantes fonctions dans l'État. Les principaux offices de la République (*majores magistratus populi romani*) étaient l'édilité, la questure, la censure, le Consulat ; l'assemblée générale du peuple les déférait, ce qui faisait présumer une éminente vertu.

Au début, les patriciens seuls étaient capables d'acquérir ces grands offices et leur postérité, en conséquence, était seule revêtue de la noblesse. Ils ne devaient contracter aucun mariage avec les plébéiens. Peu à peu l'égalité s'établit et la plèbe put acquérir la noblesse avec les charges.

On appelait hommes nouveaux, c'est-à-dire nouvellement anoblis, ceux qui les premiers de leur race étaient parvenus aux honneurs. Cicéron était dans ce cas. Les nobles romains avaient un signe distinctif, le droit d'image (*jus imaginum*). Ils pouvaient mettre leur effigie au lieu le plus apparent de leurs maisons, et aux funérailles de quelqu'un de la race on portait avec solennité toutes les effigies des ancêtres.

La noblesse à Rome ne constituait pas un ordre à part comme en France, et elle n'était pas un titre d'honneur dont la personne accompagnât son nom.

Sous les empereurs, régime d'autorité personnelle, beaucoup de charges furent supprimées. Mais des dignités, titres et honneurs furent créés pour récompenser les favoris du prince, plus que le vrai mérite. Les nobles d'alors occupaient dans l'amphithéâtre des places d'honneur à côté de l'Empereur.

En Gaule, avant l'invasion des barbares, au-dessus de la masse du peuple, se distinguaient les druides et les chevaliers ; César, lors de la conquête, atteste l'existence d'une noblesse : celle-ci devait être très puissante chez le Éduens, tribu la plus cultivée, et habitant la région d'Autun. Les nobles portaient une longue chevelure, marque d'autorité qui leur attirait le respect de tous. Ils étaient chargés de combattre et de défendre le territoire.

La noblesse gauloise n'était pas personnelle et fondée sur une charge : elle était héréditaire et avait le caractère de la noblesse de race.

Les Germains, eux aussi, possédaient une noblesse composée de ceux qui s'étaient signalés par la force et la valeur militaire. Pour ce peuple, belliqueux et fier, avide de liberté, hospitalier, fidèle à ses serments, méprisant les richesses, rien de plus noble que les armes. Les femmes y sont également l'objet de respect et d'égards.

Donc partout, nous constatons la présence d'une noblesse, avec des caractères différents suivant les lieux.

Se produisit-il, chez tous ces peuples anciens, des cas d'usurpation ? Nous ne le savons pas. Mais il nous est permis de supposer qu'il dut se trouver, parmi les classes inférieures, des hommes ambitieux, désireux de s'égaler aux plus puissants : cela est dans la nature humaine ; cependant, comme alors la noblesse comportait plus de devoirs que de privilèges, et comme, d'autre part, elle ne se traduisait pas par des titres pompeux, hochets de la vanité, il est probable qu'on ne rencontra pas des usurpations de noblesse, au sens moderne du mot, et que ceux qui voulaient monter, acquirent leurs dignités par la vertu, le courage, ou d'autres moyens du même genre.

Donc, ne nous arrêtons pas et recherchons maintenant ce que fut la noblesse en France.

SECTION II. — La noblesse en France sous l'ancien régime.

§ 1ᵉʳ. — Origine de la noblesse. Ses sources. Ses privilèges.

M. de Semainville, dans son très intéressant Code de la noblesse française, fait cette juste remarque : « Formée des Gaulois, des Romains et des Francs-Germains, la nation française s'est nécessairement donné une constitution empruntée à ces trois peuples. Ses institutions nobiliaires, ses dignités, ses titres, ses dénominations honorifiques ont dû être le produit et le résumé de l'organisation de ces trois nations réunies. »

On a beaucoup discuté sur l'origine de la noblesse française : il nous paraît inutile d'exposer ici les divers systèmes qui ont été soutenus.

Nous pensons avec l'auteur précédemment cité que ce n'est pas exclusivement à l'un des peuples qui ont formé le nôtre que nous devons demander l'origine de notre noblesse. L'on rencontrait des nobles chez les Gaulois comme chez les Romains et les Francs. Au commencement de la monarchie, il y avait trois sortes de nobles, désignés en latin par l'expression générale *ingenui* :

La première descendait des chevaliers gaulois faisant profession de porter les armes ; la seconde venait des magistrats romains, des sénateurs, des décurions, des chevaliers ; la troisième était composée des Francs, faisant profession des armes et exempts de servitudes personnelles et des impositions. Lorsque ces nobles de provenance et de caractère différents se trouvèrent en présence, sur le même sol, peu à peu, par le travail du temps, ils s'amalgamèrent pour ainsi dire ; et de même que la masse des classes inférieures forma le peuple français, la réunion des classes supérieures constitua la noblesse française.

Voilà ce que l'on appela la noblesse de race, celle, dit Loiseau, dont on ne peut coter le commencement.

Donc avant la féodalité, sous les deux premières races de la monarchie, une véritable noblesse héréditaire existait, noblesse antérieure à l'hérédité des fiefs (Les fiefs, loin de conférer la noblesse, se donnaient aux nobles).

Et dès le VIe siècle, nous rencontrons trois ordres distincts : le clergé, la noblesse et le peuple (1).

Cependant avant la féodalité, tout n'était pas aussi simple que cela, tant au sujet de l'état des personnes que de la condition des terres.

Parmi les nobles, nous distinguons les principaux magistrats, ducs, comtes et sagibarons ; les leudes

(1) « L'an 500, le corps du clergé, toute la noblesse, le peuple de la ville et de la campagne d'Autun, se réunissent et élisent pour évêque Eptadius » (Dom Bouquet, *Vie des Saints*).

ou compagnons du chef ; les ahrimans, possesseurs
des alleux ou terres libres ; les convives du roi qui
avaient le rang des leudes. Le tarif des compositions
ou amendes, en cas de délit commis, variait suivant
le rang de la victime.

Quant aux terres, après la conquête des Francs,
elles furent partagées, les unes (alleux) dévolues par
le sort aux ahrimans, hommes libres et guerriers
appelés aussi rachimbourgs ; les autres (bénéfices)
furent concédées par un chef à ses compagnons d'armes. Tout d'abord viagers, les bénéfices furent reconnus héréditaires par le capitulaire de Charles le
Chauve à Kiersy-sur-Oise en 877.

Les propriétaires d'alleux, indépendants et libres,
se sentirent isolés et sans défenses. Alors se pratiqua l'usage de la recommandation, acte par lequel
le possesseur d'un alleu le cédait à un bénéficier
pour le tenir à titre de bénéfice. Au Xe siècle, il n'y
avait plus que des bénéfices.

En 884 dans une charte de Charles le Gros,
se rencontre pour la première fois le mot fief, désignant le bénéfice ; ce terme prévalut à l'avenir.

On appelait noblesse bénéficiaire, celle des personnes investies de bénéfices.

Les propriétaires de bénéfices étaient astreints à
des services particuliers, et jouissaient de certaines
prérogatives.

Peu à peu ceux qui possédaient le sol et qui commandaient à d'autres hommes placés au-dessous d'eux, augmentèrent leur puissance. Au IX° et au X° siècles, des châteaux s'élevèrent partout.

La féodalité est alors constituée : la terre en est la base; à elle sont attachés tous les droits et toutes les faveurs. L'étendue du pouvoir se mesure à celle des domaines.

Les fiefs, devenus partout héréditaires, diffèrent à l'infini par leur nature et les obligations qu'ils imposent à leurs possesseurs. Il y a le fief dominant et le fief servant. La hiérarchie des personnes est établie sur la hiérarchie des terres. Ceux dont les fiefs relèvent immédiatement de la couronne sont des vassaux du roi.

Chaque membre de la féodalité, depuis le dernier feudataire jusqu'au premier seigneur suzerain, a une partie de souveraineté inhérente au sol.

Le seigneur féodal exerça longtemps dans ses domaines les droits régaliens qui l'égalaient à un véritable souverain : il battit monnaie, leva des impôts, fit la guerre et jugea souverainement ses vassaux.

Le système féodal fut généralisé. Tout fut constitué en fief. On étendit le nom de fief aux simples dignités sans glèbe, dites fiefs de pur honneur.

Les possesseurs de fiefs étaient seuls réputés nobles, et distingués des roturiers par la qualification de gentilshommes.

Tout ce que tenait un noble était fief ; tout ce qui

était fief donnait la noblesse. Le noblesse prenait alors un autre caractère : purement honorifique et personnelle auparavant, elle devenait réelle et patrimoniale.

1re *Source de noblesse.* — On doit regarder l'inféodation, c'est-à-dire la concession d'un fief, comme la source primordiale de la noblesse. La Roque écrit dans son *Traité de la noblesse*, ch. XVIII : « L'inféodation a conféré l'ancienne et première noblesse... Toute la noblesse consistait en la possession des fiefs. » La noblesse de naissance, d'extraction, a son point de départ dans une inféodation dont la trace est perdue. Loiseau le dit : « Elle ne provient pas du droit de nature, comme la liberté, mais de l'ancien droit et disposition de l'État » (*Ordres*, ch. IV).

L'acquisition par contrat d'un fief, acquisition qu'il ne faut pas confondre avec l'inféodation, opérait-elle l'anoblissement ? Non, si l'on applique rigoureusement les principes féodaux, ou du moins elle l'opérait sous certaines conditions, telles que la permission du prince accordée aux roturiers, et pour ceux qui n'avaient pas obtenu cette autorisation préalable, le paiement du droit de franc-fief. Enfin la noblesse ne devenait héréditaire dans la famille qu'à la tierce fois, c'est-à-dire au bout de trois générations.

Malgré cela, l'acquisition des fiefs par les roturiers, devenue très fréquente depuis les Croisades, produisait en fait les mêmes effets que l'inféodation.

C'est pour arrêter cet envahissement de la noblesse par les bourgeois riches, que le roi Henri III inscrivit dans l'Ordonnance de Blois (1579) « que les roturiers et non nobles, achetant des fiefs nobles ne sont pour cela anoblis, ni mis au rang et degré des nobles ».

Même, depuis l'Ordonnance de Blois, il suffisait d'obtenir la ratification de l'acquisition par le roi, pour que celle-ci produisit les mêmes effets qu'autrefois. Cette ratification équivalait à une inféodation.

Tout possesseur de fief était tenu au service militaire envers le roi ou son suzerain. Aussi devait-il être d'âge à porter les armes.

Le noble combattait à cheval, coiffé du heaume, ceint de l'épée, vêtu du haubert, ayant la lance et l'écu : il se regardait comme l'homme d'armes par excellence.

C'est de cette profession qu'est venu au noble son titre d'honneur, celui qui par excellence désigne sa noble origine. « Le terme de *miles*, dit La Roque, est reçu dans tous les pays pour signifier un noble. »

« A partir du Xe siècle, écrit Henri Martin dans son *Histoire de France*, tome II, le mot *miles* ne désigne plus le guerrier en général, mais le guerrier complet, le cavalier noble, le chevalier. »

Nous reviendrons plus loin sur cette question très

importante pour nous, lorsque nous étudierons l'origine et l'histoire des différents titres de noblesse.

Nous venons de voir qu'au point de vue chronologique la source première de la noblesse française fut la *possession des fiefs*, qui entraînait le service militaire.

2ᵉ *Source de noblesse*. — Cette noblesse une fois acquise passait aux descendants. La naissance, voilà donc une seconde source de noblesse. Celle-ci d'ailleurs ne se transmettait que par mâles. Les enfants suivaient la famille du père.

De plus, la noblesse ne se transmettait qu'en légitime mariage.

Les bâtards acquéraient-ils la noblesse ? Selon nos anciens usages, dans la plupart des provinces du Royaume, le bâtard avoué et vivant noblement retenait le nom et les armes de son père et était considéré comme noble. Henri IV abolit cet usage, et la noblesse fut formellement ôtée aux bâtards par l'article 26 du règlement de 1600. Exception fut faite pour les bâtards reconnus des rois qui naissaient princes ; ceux des princes naissaient gentilshommes. La légitimation du bâtard d'un noble par mariage subséquent lui conférait la noblesse.

Le fils adoptif acquérait-il la noblesse de l'adoptant ?

La question est très controversée entre les anciens auteurs. Cependant l'opinion négative semble avoir prévalu avec La Roque et Tiraqueau. Ce dernier conclut que, « selon les lois du royaume, les enfants adoptés deviennent plus illustres, mais ils n'acquièrent pas la race ».

Dans certains cas, la noblesse se transmettait, tant par mâles que par femmes. Quelques coutumes spéciales, celles de Troyes, de Sens, de Meaux, de Chaumont avaient adopté ce principe que le ventre anoblit. La noblesse pouvait donc se transmettre des mères aux enfants.

C'est la noblesse utérine. Une charte spéciale peut décider la même chose en dehors de ces coutumes. Ainsi, Charles VII, pour récompenser Jeanne d'Arc des services merveilleux qu'elle avait rendus au pays, l'avait anobli elle, ses deux frères et leurs descendants par les hommes ou par les femmes.

Nous n'entrerons dans aucun détail sur cette noblesse maternelle, et nous ne rechercherons pas si elle est une véritable noblesse, ou bien, si comme certains l'ont soutenu (entre autres M. de Barthélémy) elle n'est qu'une roture privilégiée, si elle a existé ou non jusqu'à la Révolution française, et si par conséquent, elle a pu revivre en 1814, quand la Charte rétablit les titres de l'ancienne noblesse.

Il nous semble que cette noblesse maternelle n'existait plus avant la Révolution ; dans tous les cas elle n'a jamais été sur un pied d'égalité avec la noblesse paternelle, et elle n'a conféré aucuns titres de noblesse.

La noblesse de celui qui est né de père et de mère nobles est plus pure ; dans certains cas on requiert la noblesse des deux côtés.

3ᵉ *Source de noblesse*. — On pouvait devenir noble par mariage. La femme roturière qui épouse un noble jouit de tous les avantages de la noblesse. Les filles nobles qui épousent un roturier, voient leur noblesse en suspens pendant le mariage. A ce dernier principe, nous trouvons quelques exceptions.

Les filles de maison souveraine, de sang royal, et les femmes possédant un fief de grande dignité non seulement ne perdent pas leur noblesse, mais la communiquent à leur mari, bien que celui-ci soit pris dans une condition inférieure.

4ᵉ *Source de noblesse*.— L'anoblissement, c'est-à-dire la concession de la noblesse par le roi. C'est un acte de souveraineté que seul le prince peut accomplir. Loisel propose comme une des lois fondamentales de l'État que nul ne peut anoblir que le roi. A l'époque où l'autorité royale semblait presque éclipsée, sous la féodalité, un arrêt du Parlement de Paris de 1250 porte que le comte de Flandre, nonobstant tout usage contraire, ne pouvait ni ne devait faire d'un roturier un chevalier, c'est-à-dire l'anoblir. L'anoblissement peut être de deux sortes : exprès ou tacite. Il est exprès, lorsqu'il se produit par la délivrance de lettres d'anoblissement.

On attribue généralement à Philippe le Hardi

l'envoi des premières lettres d'anoblissement à Raoul l'Orfèvre en 1271.

Ces lettres, expédiées par un secrétaire d'État et scellées de cire verte doivent être vérifiées et enregistrées d'abord : *à la Chambre des comptes*, où toutes les concessions des rois sont présentées. C'est là également que les impétrants versent la somme exigée.

A la Cour des Aydes, pour l'exemption des tailles et autres subsides.

Au Parlement enfin, où sont fréquemment portées les discussions relatives à l'effet des partages nobles et autres droits de noblesse.

Celui qui a obtenu des lettres d'anoblissement doit payer une finance d'indemnité, souvent remise par le roi et une aumône employée en œuvres pieuses.

Les premiers anoblissements furent accordés sans finance et seulement pour récompenser des services rendus. Plus tard ils devinrent une véritable mesure fiscale destinée à remplir le trésor du roi.

Les besoins étaient grands : Charles VII au XVe siècle avait créé une armée régulière qu'il fallait entretenir. Au XVIIe siècle les guerres fréquentes avec l'Europe réclamaient beaucoup d'argent. Alors on créait des nobles comme aujourd'hui on recourt à un emprunt pour alimenter les caisses de l'Etat. On vendit des lettres d'anoblissement à ceux qui par vanité recherchaient les honneurs : on fit plus : on força même des individus riches à acheter la noblesse.

Et puis comme tous ces privilégiés, exempts de la taille, faisaient retomber l'impôt plus lourdement sur la masse du peuple, un édit royal, quelques années après, révoquait en masse les anoblissements distribués depuis une certaine époque. Henri IV avait ouvert la voie en 1598. Louis XIV pratiqua fréquemment ces procédés.

Pour être maintenu dans la noblesse, il fallait obtenir des lettres de confirmation et de ce chef payer un nouveau droit.

En fait, l'argent était alors la grande vertu qui faisait les nobles. « Vingt ans de belles actions ne peuvent faire un noble et vingt ans de concussion en font mille » (St-Evremond).

La noblesse n'était plus ce qu'elle était autrefois et elle perdait beaucoup de sa valeur et de sa considération.

A côté de l'anoblissement exprès dont nous venons de parler, il y avait l'anoblissement tacite. La noblesse avait été de bonne heure attachée aux principales charges de l'Etat. Pour cette raison celles-ci étaient appelées offices nobles. On trouva dès le XIVᵉ siècle des nobles arrivés à la noblesse par suite de l'office dont ils étaient revêtus. Il y avait trois classes d'offices ; ceux qui donnaient une noblesse réelle, héréditaire et transmissible immédiatement à la postérité. Les officiers de la Couronne, les membres du Conseil privé, les présidents des Cours souveraines jouissaient de cette faveur.

D'autres offices donnaient seulement une noblesse personnelle qui devenait héréditaire et transmissible à la postérité au bout d'un certain temps ou en cas de mort du titulaire.

Les officiers des Chancelleries, ceux du grand Conseil, les officiers du Parlement, de la Cour des comptes et des aydes de Paris, du Châtelet étaient dans ce second cas. Le petit-fils devenait noble, quand le père et l'aïeul avaient possédé successivement une charge.

Enfin une troisième classe d'offices n'octroyait au titulaire que la faculté de s'appeler noble homme, sans jamais pouvoir transmettre à sa postérité la moindre noblesse.

La noblesse de robe, commença à s'élever au XVI° siècle. Mais la noblesse d'épée s'estimait supérieure à la noblesse de robe. Jadis le glaive de la justice s'était confondu avec l'épée du guerrier. Ce n'est qu'au milieu des guerres du moyen âge où la noblesse était occupée que le roi chercha parmi la roture des hommes savants et intègres pour leur confier l'administration de la justice.

Se rapprochant beaucoup de la noblesse d'office, citons la noblesse comitive, celle des docteurs, régents et professeurs de droit. Au bout de 20 ans d'exercice, le lecteur recevait le titre de comte. Il y a controverse sur le point de savoir si cette noblesse est personnelle ou transmissible aux enfants.

La noblesse héréditaire avait été aussi attachée par les rois à l'exercice des premières charges municipales dans les grandes cités, Henri III par exemple anoblit les prévôts des marchands et les quatre échevins de Paris. On appelait cette noblesse, noblesse de cloche, car les magistrats municipaux s'assemblaient au son de la cloche. Dans le cours du XVIIe siècle des édits et des arrêts intervinrent, retirant le privilège de la noblesse à ces offices.

De toutes les noblesses d'anoblissement, la noblesse militaire est la plus conforme à l'esprit et à l'origine de la noblesse de race qui ne cessa jamais d'être guerrière.

Visée par un édit d'Henri III (mars 1583) et surtout par l'édit d'Henri IV (mars 1600) qui de personnelle la rendit héréditaire dans la famille qui pendant trois générations avait porté les armes, elle fut définitivement instituée sous le règne de Louis XV, par l'édit de novembre 1750. Les officiers en activité de service sont exemptés de la taille sous certaines conditions, et celui dont le père et l'aïeul ont bénéficié de ce privilège est anobli de plein droit.

Necker, quelques années avant 1789, voulant se rendre compte du nombre des charges anoblissantes, en faisait exactement le relevé, et trouvait qu'en France, il n'en existait pas moins de 4.000, donnant la noblesse à 4.000 familles, puis, au bout de 20 années d'exercice, pouvant par la vente en investir 4.000 autres.

Une autre sorte d'anoblissement tacite, fut l'anoblissement par la chevalerie. A l'origine pour devenir chevalier, il fallait être gentilhomme de nom et d'armes, c'est-à-dire posséder une noblesse antique et vénérable. Les rois profanèrent cette institution respectée durant tout le moyen àge. Ils conférèrent la chevalerie à des roturiers sans les avoir préalablement anoblis, et ils la prodiguèrent sans mesure.

Une simple accolade sur le champ de bataille ou en quelque autre occasion avait le privilège d'anoblir. Un discrédit profond fut jeté sur la chevalerie par accolade.

Avant de terminer cette question de l'anoblissement, demandons-nous quelle était la situation du Français anobli par un souverain étranger ?

M. de Semainville nous répond : « Il ne pouvait jouir de sa noblesse en France, s'il n'en avait obtenu du roi des lettres de confirmation dûment enregistrées. Cette noblesse alors était censée ne tirer son existence que de ces lettres de confirmation, devenues de véritables lettres d'anoblissement français .» Nous retrouverons plus tard la même règle.

Et l'étranger qui avait reçu chez lui la noblesse,

la conservait-il sur le sol français ? On appliquait autrefois le même principe qu'aujourd'hui : les lois relatives à l'état et à la condition des personnes les suivaient hors de leur patrie. En conséquence « l'étranger, dit Loyseau, et notamment celui qui était des Etats amis et alliés de ce royaume, étant assurément noble en son pays, était tenu pour tel en France et exempt de tous subsides roturiers ».

A cette règle il y avait une exception : on refusait la noblesse en France à ceux dont l'anoblissement résultait de moyens trop faciles et inusités en France.

5ᵉ *Source de noblesse*. — L'usurpation semble avoir très fréquemment conduit à la noblesse : nous renvoyons plus loin l'étude de cette question qui est notre sujet lui-même.

La possession continuée pendant un certain laps de temps, alors même qu'elle aurait pour point de départ l'usurpation, autrement dit la prescription doit-elle être admise en matière de noblesse ?

L'usurpation, depuis les entraves apportées à l'anoblissement par l'achat d'un fief, joue un rôle considérable : c'est en fait le mode de recrutement le plus actif de la noblesse.

Au temps de Loyseau, le père et l'aïeul ayant vécu noblement, la noblesse était prescrite et acquise à leur postérité.

Une préoccupation fiscale fit admettre, pendant un certain temps, ce principe rigoureux : sitôt qu'il est prouvé qu'une famille n'a pas toujours été noble, elle ne peut pas le devenir par le temps, s'il n'y a une concession. Ainsi la noblesse ne pourrait s'acquérir par prescription.

Mais on se relàcha de cette rigueur et au XVIII° siècle, on admettait que la possession centenaire conduisait à la noblesse.

Donc la possession des fiefs, la naissance, le mariage, l'anoblissement exprès ou tacite, l'usurpation, voilà quels furent sous l'ancien régime les principales sources de noblesse.

Les unes constituaient la noblesse de race, c'est-à-dire celle qui remontait à une lointaine origine ; les autres formaient la classe très nombreuse des anoblis.

La noblesse n'était pas, comme on a pu le constater, une caste fermée : les roturiers l'envahirent en masse par l'abus du droit d'anoblissement, la multiplication des prérogatives d'offices et l'usurpation.

Quels furent aux différentes époques de la monarchie les privilèges de cet ordre de l'Etat appelé : la noblesse ?

Privilèges de la noblesse.

Au début de la monarchie, les nobles sont ceux qui ont aidé le Roi à conquérir le territoire et à l'organiser. Ils ont plus de devoirs que de privilèges. S'ils ont reçu la possession du sol, ils doivent en revanche défendre les biens et les personnes contre de fréquentes incursions. C'est donc une noblesse à la fois terrienne et militaire qui nous apparaît dans le brouillard des origines et ses privilèges ne sont pas nettement définis comme ils le seront plus tard.

Sous la féodalité, en dehors des avantages que leur conférait la possession des fiefs (souveraineté, droit de justice, droit de battre monnaie, etc.), les nobles sont soumis pour l'administration de la justice à des règles différentes des roturiers : la composition du tribunal et surtout les délais de comparution étaient différents.

De plus le noble ne payait aucun des impôts que de temps en temps le roi ou le seigneur suzerain levait sur les roturiers et les serfs.

Mais la féodalité disparut, et le pouvoir royal s'accrut tous les jours.

La noblesse, tout en ayant perdu sa souveraineté, conserva, avec ses titres, des privilèges réels et des privilèges honorifiques.

Privilèges réels. — Les nobles sont exempts de certains impôts, la taille par exemple et d'autres cotisations. Ils ne sont pas sujets aux corvées personnelles. Ils ne doivent pas le droit de franc fief pour les fiefs qu'ils possèdent. Seuls ils sont admis à certaines charges et emplois publics. En matière criminelle ou civile, les baillis et les sénéchaux doivent connaître des causes des nobles, à l'exclusion des prévôts. Quand ils comparaissaient devant un Parlement, ils étaient jugés par toute la grand'Chambre et non par la Tournelle. Certaines peines, telles que le fouet et la hart n'étaient jamais prononcées contre eux. Quand la peine de mort était appliquée, le noble était décapité alors que l'on pendait le roturier.

Plusieurs coutumes donnent aux nobles des privilèges particuliers. Quelques-unes admettent la garde noble au profit des ascendants nobles.

D'autres règlent autrement les successions entre nobles qu'entre roturiers, spécialement au point de vue du droit d'aînesse.

Privilèges honorifiques.— A ces privilèges réels, s'ajoutaient des privilèges honorifiques :

Dans les Assemblées de la nation, aux Etats Généraux, la noblesse occupait le second rang après le clergé et avait la préséance sur le tiers état. Enfin les nobles pouvaient se qualifier d'écuyer, s'ils n'avaient pas droit à des titres plus relevés dont nous parlerons bientôt. Ils portaient aussi des armoiries timbrées. Dans les derniers temps de la Monarchie la noblesse quittait ses domaines pour accourir autour du trône ; et il fallait alors être noble pour être admis à certains ordres de Chevalerie, nouvellement créés, et même faire preuve d'une noblesse ancienne pour participer aux honneurs de la Cour qui consistaient pour les femmes à être présentées au roi, à la reine et à la famille royale ; pour les hommes à monter dans les carrosses du roi, à suivre Sa Majesté à la chasse, après avoir été préalablement présentés.

Cette noblesse dont les privilèges étaient si considérables était une source perpétuelle d'envie pour ceux qui ne la possédaient pas. Quant à ceux qui la possédaient, ils pouvaient la perdre de certaines façons et aussi la recouvrer parfois quand ils l'avaient perdue.

Comment se perd la noblesse ? Et comment la recouvre-t-on ?

Pour conserver la noblesse que l'on avait reçue de ses pères, ou que le roi avait conférée, il fallait « vivre noblement », vivre selon l'honneur ; sans cela, on perdait la noblesse.

Parmi les causes qui amenaient ce résultat, il faut placer en premier lieu la dégradation, peine qu'entraînaient certains crimes comme les crimes de trahison et de lèse-majesté. Une condamnation infamante pour d'autres crimes emportait-elle déchéance de la noblesse ? Suivant Loyseau et La Roque, il fallait distinguer entre la noblesse provenant de la collation d'un office et celle provenant de race ou de lettres spéciales d'anoblissement. Dans le premier cas seulement, la noblesse était entièrement effacée par l'infamie, tandis que, dans le second, elle était simplement obscurcie. Le condamné n'était privé que des droits honorifiques mais non des privilèges positifs.

Mais sans se rendre coupable d'un crime, amenant la déchéance, un noble peut perdre la noblesse par dérogeance. On l'a dit très justement : c'est plutôt une abdication qu'une chute.

Quels sont les actes qui dérogent ? Ce n'est pas par le travail qu'on déroge, mais par le but du travail : « on recherche un gain vil et sordide » (Loyseau).

Commettent des actes dérogeants, ceux qui exercent la profession des arts mécaniques, excepté la verrerie. Les juges, avocats, médecins et professeurs des sciences libérales ne dérogent point. Au contraire l'exercice de certains offices, tels que ceux de procureur, de greffier, de sergent, le commerce (excepté le commerce maritime depuis l'édit de 1668, et le commerce de terre en gros depuis l'édit de 1701), l'exploitation de la ferme d'autrui constituent des actes dérogeants. Le gentilhomme pouvait cultiver sa propre terre.

D'après Loyseau, la noblesse de race n'est pas éteinte par les actes de dérogeance, elle est seulement suspendue.

Au XVIIIᵉ siècle, on ne fait plus de distinction entre les nobles de race et les nobles de concession. Les uns et les autres perdent également la noblesse par les actes dérogeants.

Quelle est l'influence de la déchéance ou de la dérogeance du père sur la condition des enfants ? Ici il faut faire une distinction.

Si les enfants sont nés ou simplement conçus avant ces faits, ils ne perdent pas la noblesse qui leur a été acquise. Quant aux enfants qui sont nés ou qui ont été conçus depuis, les auteurs ne semblent pas d'accord.

Plusieurs soutiennent que, pour le noble de race, il ne peut faire perdre la noblesse à sa postérité, et Loyseau assimile le fils de l'anobli au fils du noble de race, car il ne tire pas sa noblesse du chef de son père, mais de la grâce du prince.

Celui qui a perdu la noblesse ou ses descendants peuvent-ils la recouvrer ? Oui, mais il faut un bienfait du prince. Cette grâce est contenue dans des lettres de réhabilitation, on les nomme encore lettres de restitution et de justice. Ces lettres s'accordent avec plus ou moins de facilité : on ne les refuse point lorsqu'il s'agit d'une simple dérogeance et lorsque la noblesse est bien établie.

On les obtient plus difficilement lorsque la privation de la noblesse résulte d'une condamnation qui a prononcé cette peine.

Si la noblesse avait péri tout à fait, il fallait un anoblissement nouveau, acte de juridiction gracieuse.

Après avoir étudié, comment on devient noble et comment on peut perdre et recouvrer cette qualité, il nous reste à examiner sous quelle forme la noblesse se traduisait à l'extérieur.

C'est la *question des titres de noblesse* qui constitue la matière principale de ce travail.

Nous rechercherons tout d'abord quels furent les titres de noblesse usités dans l'ancien droit.

Le paragraphe suivant sera exclusivement consacré à l'usurpation de la noblesse et des titres.

§ 2. — Des titres de noblesse dans l'ancien droit.

La noblesse ne suppose pas nécessairement la jouissance d'un titre, tandis que la jouissance d'un titre suppose la noblesse.

Chez les Grecs et les Romains comme chez les Barbares, des dénominations honorifiques étaient attachées à certaines fonctions ou à certaines situations.

Les titres, tels qu'ils existent aujourd'hui chez nous, ont une origine exclusivement féodale. Avant la féodalité, ils présentaient un sens particulier.

La plupart des titres ont commencé par être, sous les Mérovingiens et les Carolingiens, des titres personnels d'offices ou de fonctions : tels sont ceux de duc, de marquis, de comte, de vicomte, de vidame.

Dans les derniers temps de l'Empire romain, les ducs étaient des chefs d'armée (*duces*). Les Francs conservèrent le nom et la fonction.

Les comtes (*comites*) étaient les compagnons des rois, plus tard des ducs. Comme ces derniers, mais au-dessous d'eux, ils étaient des officiers civils et militaires.

Les comtes avaient des subordonnés appelés vicomtes, ou encore viguiers ou vicaires qui les suppléaient. Il rsésidaient dans certains cantons de la province. En Normandie, les vicomtes demeurèrent d'un rang fort inférieur.

Un marquis avait le gouvernement des marches ou frontières du pays.

Le vidame (*vicedominus*), titre aujourd'hui oublié, était le représentant des évêques pour le temporel dans les diocèses.

Au-dessus de ces titres désignant une fonction, nous plaçons ceux de princes et de barons.

Le prince occupe le premier rang dans la nation. C'est la personne qui a droit de commander, *princeps*, *primus*. Le mot baron a eu des significations très diverses. Anciennement il a désigné la plus haute classe des seigneurs. Il vient de l'adjectif celtique ber qui signifie puissant, fort, illustre.

Quand nos vieux historiens parlent du roi et de ses barons, ils désignent les personnages les plus illustres du royaume. Plus tard au XV siècle nous retrouverons ce titre de baron, mais indiquant alors une classe inférieure de gentilshommes.

D'autres titres rappelaient la profession de ceux qui les portaient.

« Du service de la cavalerie, dit le comte de Boulainvilliers, sont venus les noms de *chevalier*, *d'écuyer*, etc. et celui de soldat (*miles*) passa tellement à l'usage de la cavalerie, qu'il n'y avait que les seuls chevaliers qui le portassent, comme on le justifie par tous les anciens titres..... La gendarmerie, toute revêtue de plaques et de mailles, était le corps le plus estimé. Les rois, leurs enfants, tous les princes ou seigneurs cherchèrent à se signaler dans cette milice, de sorte qu'elle devint l'unique profession des nobles... (1). »

L'écuyer portait l'écu des chevaliers (*scutum*). Ce mot peut encore venir d'écurie (*scuria*), car les écuyers avaient le soin des chevaux appartenant aux chevaliers.

Tous ces titres n'ont pas la même origine. Nous ne pouvons donc pas établir entre eux une hiérarchie générale.

Mais dans chaque ordre, il existe une hiérarchie particulière et nécessaire : ainsi pour les titres de fonctions, le comte est plus élevé que le vicomte.

Si nous voulons assigner à ces titres, si différents, un caractère commun, nous dirons qu'ils sont tous personnels à l'origine. De plus, quelle que soit leur nature, ils sont ordinairement accompagnés de bénéfices, c'est-à-dire de libéralités royales, domaines concédés à titre viager.

Nous avons vu précédemment que, par suite de l'abaissement du pouvoir royal, les bénéfices étaient devenus héréditaires. Leur hérédité entraîna celle

____

(1) Boulainvilliers, *Essai sur la noblesse en France*, p. 78.

des titres. Le titre sembla même se détacher de la personne pour s'attacher au domaine. C'est le régime de la féodalité où la terre anoblit et nomme ses possesseurs.

Le caractère général des titres féodaux, c'est leur indissoluble annexion à la terre. Ils ne sont plus que des signes de propriété et expriment la relation du seigneur avec son fief.

Ils sont devenus de même ordre. Les anciennes subordinations spéciales ont perdu leur raison d'être : un ordre général et rigoureux de préséance n'a rien de bien nécessaire, car les titres ne confèrent par eux-mêmes aucune prérogative, ni aucune fonction dans l'Etat. A part les ducs qui, dit La Roque, tiennent le premier rang après la dignité royale, la hiérarchie des titres subit de nombreuses fluctuations : rien de précis, en matière de titres. Il n'en est pas de même pour la noblesse, où rien n'est tiré au hasard, ni au caprice, car la noblesse était le principal, la source du privilège, de la supériorité sociale ; les titres étaient les accessoires.

Les fiefs auxquels était attachée une dignité comme un duché, un comté, un marquisat, étaient appelés fiefs de dignité par opposition aux fiefs simples.

Les fiefs subirent des diminutions ou des augmentations. Une grande inégalité régna entre les fiefs de dignité de dénomination identique. Le titre qu'ils conféraient perdit peu à peu, à dater du XVIIe siècle, son caractère féodal pour devenir une simple qualification nobiliaire d'un rang élevé.

Cependant en France et dans d'autres Etats de l'Europe, à dater du XVIe siècle, on adopta pour les titres nobiliaires une certaine hiérarchie à peu près semblable. Voici l'ordre descendant, duc, marquis, comte, vicomte, baron, chevalier, écuyer.

Mais revenons au moyen âge, sous la féodalité. A côté des fiefs titrés, il y avait des fiefs simples. En même temps que des titres réels, c'est-à-dire venant de la terre, il existait des titres personnels, marquant la noblesse.

Ainsi les qualifications de chevalier et d'écuyer n'ont jamais exprimé le rapport entre un seigneur et son fief : jamais domaine n'a porté la dénomination de chevalerie ou d'écuyerie (mot forgé).

Ces appellations indiquent seulement des degrés divers de noblesse personnelle.

Nous avons rencontré ces titres de chevalier et d'écuyer sous les deux premières races de la monarchie. Ils indiquaient une profession.

Peu à peu, sous l'influence de l'Eglise, la chevalerie devint une institution très importante et très illustre.

Le titre de chevalier ne fut accordé qu'après une investiture solennelle, après des cérémonies pleines de grandeur et d'éclat et devint la qualification de la vraie noblesse. Avant d'être armé chevalier le jeune homme devait faire son apprentissage en qualité de page, de damoiseau, puis d'écuyer (il portait l'écu d'un chevalier pendant la marche). Le titre d'écuyer finit par être donné aux gentilshommes de mince extraction.

Une ordonnance de 1270 porte que nul ne peut être chevalier, s'il n'est gentilhomme de parage, c'est-à-dire de noble rang, autrement le roi et le baron avaient le droit de lui couper ses éperons dorés insignes du chevalier. Le chevalier seul avait le droit de porter la cotte d'armes et la double cotte de mailles, de porter l'or, l'écarlate, les fourrures. Il pouvait seul se faire représenter sur son sceau en armure complète et arborer sur son manoir la girouette, image du pennon. Il était qualifié de monsieur et de monseigneur. L'écuyer n'était désigné que par son nom. Les dénominations de chevalier et d'écuyer indiquèrent donc le rang de la noblesse.

Les chevaliers bannerets étaient ceux qui avaient le moyen de lever bannière, c'est-à-dire qui avaient un grand nombre de vassaux. Les autres s'appelaient bacheliers. Cette distinction s'effaça dans la suite.

Mais les rois firent dégénérer le caractère de la chevalerie : on la conféra à des gens qui ne suivaient pas la profession des armes, à des roturiers qui furent anoblis par le fait même. Il n'y eut plus de réception solennelle. Des lettres du roi suffisaient pour conférer le titre.

A partir du XVIIe siècle, on ne distingua plus guère entre la noblesse de chevalerie, et celle des écuyers, les gentilshommes ambitionnant des titres plus relevés. En principe, la qualification de chevalier transmise dans une famille noble, était l'indice d'une vieille origine, malgré cette qualification attachée à certains offices.

Dans les derniers siècles de la Monarchie, on rencontre souvent la désignation de chevalier portée, comme titre distinct, avec un sens tout spécial ; elle indique l'affiliation à un ordre militaire.

Loyseau, dans son *Traité des ordres*, après avoir affirmé que l'ordre est une qualité absolue et que le plus petit gentilhomme est de même ordre que le roi, établit trois degrés de noblesse : la simple noblesse, la haute noblesse et la noblesse illustre.

Cette dernière provient de sang souverain : elle comprend les princes.

La haute noblesse procède des grandes seigneuries et fiefs de dignité et des grands offices. Tous ceux qui en sont revêtus, l'auteur les qualifie seigneurs et chevaliers. Nous connaissons les titres qu'ils pouvaient porter : c'était, en dehors de celui de chevalier, la qualification afférente à leur fief de dignité.

Enfin la simple noblesse est celle qui n'est rehaussée d'aucun degré d'honneur.

Comment sont qualifiés les simples nobles ? Cela dépend des provinces et des époques.

Le gentilhomme de nom, d'armes et de cri est celui dont la race a de tout temps été exempte de roture. L'anobli au contraire doit sa qualité à la faveur ou à sa situation.

L'épithète de noble homme est antérieure à celle d'écuyer. Elle lui fut d'abord supérieure. La plus haute noblesse s'en qualifiait.

En Lorraine le titre d'écuyer est réservé aux nobles de quatre degrés.

En Normandie, noble homme équivaut à écuyer. Les bourgeois se contentaient du titre d'honorable homme.

A la fin, presque partout la qualification de noble homme dont on a abusé n'est plus regardée comme un titre de noblesse.

Un arrêt du Parlement du 30 octobre 1554 reconnut le titre d'écuyer comme caractéristique de la noblesse.

Le titre d'écuyer finit par prévaloir. Dans presque toutes les provinces de France, le titre de noble homme était un titre bourgeois. Le titre de messire indiquait la noblesse principalement en Dauphiné. Les Parlements le considéraient comme un titre de noblesse de premier ordre.

Les titres de noblesse présentèrent donc sous l'ancien régime des différences très grandes avec les époques et les provinces. En dehors des simples qualifications nobiliaires qui marquaient qu'un individu appartenait à la noblesse et, par là, avait droit aux privilèges que nous avons énumérés, il y avait, nous l'avons dit, des titres plus relevés, provenant des fiefs de dignité, mais qui donnaient simplement de la considération, sans ajouter aucun privilège.

Nous avons énuméré les titres de noblesse, il nous faut voir comment ces titres s'acquéraient et se transmettaient légalement. Cela nous conduira nécessairement à la matière de l'usurpation, car toutes les fois que l'acquisition n'aura pas été faite d'après la loi, nous pourrons dire qu'il y a usurpation.

Il y avait dans l'ancien droit plusieurs moyens d'acquérir les titres.

Le premier était la concession par le roi. Lui seul avait ce droit.

La concession était réelle ou personnelle : réelle lorsqu'il érigeait un fief en dignité, c'est-à-dire lui attribuait une qualité, qui rejaillissait sur le possesseur ; personnelle lorsqu'il permettait d'ajouter un titre à un nom patronymique sans aucune mention de terre. C'était une dérogation à l'antique règle nobiliaire qui ne connaissait d'autres titres que les titres territoriaux.

Les brevets étaient les actes par lesquels le souverain accordait ces faveurs.

A partir du XVIe siècle les titres et dignités purement personnels et honoraires se répandirent.

Louis XIV multiplia les concessions de titres,

Sous Louis XV, les gentilshommes anciens furent autorisés, moyennant le paiement d'un droit de marc d'or, à se pourvoir de brevets de duc, marquis, comte, baron (édit de 1770).

En matière de titres non attachés à une terre, l'hérédité ne se présumait pas, et devait être explicitement mentionnée dans la concession.

Les lettres patentes accordant des titres basés sur la possession d'un fief devaient être vérifiées et enregistrées au Parlement et à la Chambre des comptes.

L'enregistrement pour les titres attachés à la personne ne pouvait être exigé.

Un second moyen d'acquérir un titre était l'acquisition d'un fief de dignité. La noblesse qu'il apportait avec lui était une noblesse titrée.

Il y a controverse sur le point de savoir si cette acquisition conférait le titre attaché au fief. En pratique ct teffet s'est produit d'une manière générale jusqu'à l'ordonnance de Blois en 1579 qui l'a supprimé à l'égard des acquéreurs roturiers.

Un titre, une fois acquis, comment se transmettait-il? Principalement par la filiation. La filiation légitime était le principe transmissible par excellence, elle opérait la translation complète du titre. Quant à la filiation naturelle, depuis l'édit de 1600, elle ne transmettait pas plus les titres que la noblesse abstraite.

L'adoption transférait les titres des adoptants

pourvu que les adoptés fussent d'une condition qui les en rendît capables.

Quel fut le caractère de cette transmission ? Du principe de l'indivisibilité des fiefs, découla celui de l'indivisibilité des titres. Les uns et les autres se transmirent par droit de primogéniture. L'aîné des fils héritait du titre attaché au fief. La règle voulait que l'aîné prît tous les fiefs de dignité de son père et ne laissât au puîné que la simple qualification de chevalier. Ce dernier pouvait tout à coup l'échanger contre le titre le plus élevé si son aîné venait à mourir sans postérité.

Il n'y eut donc jamais en France pour la transmission des titres rien de semblable à ce que l'Ordonnance de 1817 établit pour la pairie, une hiérarchie des titres entre les frères.

Tout se réglait pour la transmission des fiefs de dignité par la coutume de la province et par le partage adopté pour la succession.

L'indivisibilité des titres persista même dans la décadence du système féodal : elle survécut à l'indivisibilité des fiefs.

Quel était l'effet d'une institution contractuelle ou testamentaire subordonnée à la condition que l'institué prendrait les noms et armes de l'instituant ?

Pour qu'elle opérât la transmission des noms et armes, il fallait que l'institué fût par lui-même propre, c'est-à-dire qu'il fût noble.

Tels sont brièvement résumés les principes de l'ancien droit français relativement à l'acquisition et à la transmission des titres.

Lorsqu'un noble se trouvait en possession d'un titre en dehors des règles posées précédemment ou bien lorsqu'un individu s'attribuait sans y avoir droit la qualité de noble, il y avait dans le premier cas usurpation de titre de noblesse, dans le second usurpation de noblesse.

Nous allons traiter de l'une et de l'autre usurpation dans le paragraphe suivant.

§ 3. — De l'usurpation de noblesse et de l'usurpation de titres.

Il importe en effet de ne pas confondre ces deux expressions.

Sous l'ancien régime, on ne se préoccupait guère de faire observer par les gentilshommes la loi qui défendait les usurpations de titres, mais on déployait une grande rigueur lorsqu'il s'agissait d'interdire aux non nobles les qualifications impliquant la noblesse. Nous avons vu en effet que c'était la noblesse par elle-même, indépendamment des titres qui pouvaient l'accompagner, qui était la source de nombreux privilèges, en particulier de l'exemption des impôts. A mesure que grandissait le nombre des nobles, le nombre de ceux qui devaient supporter la taille devenait moindre et par conséquent les ressources de l'Etat diminuaient. Il fallait donc empêcher la fraude et l'usurpation d'une qualité qui procurait de tels avantages.

Au contraire, un gentilhomme qui s'emparait sans droit d'un titre plus élevé que le sien, ne causait aucun préjudice au Trésor public et à la masse de la nation. Il s'attribuait une simple prérogative honorifique et réussissait seulement, en multipliant les titres, à les entourer de moins de prestige et de crédit.

Néanmoins des ordonnances prohibaient l'usurpation des titres : nous constaterons que cette loi fut souvent inexécutée et que, dans bien des cas, l'usage autorisa une pareille usurpation.

D'autres ordonnances punissaient l'usurpation de la noblesse : celles-ci furent mieux observées, sans toutefois produire les résultats féconds d'ordre et d'harmonie qu'on pouvait en attendre.

Nous étudierons successivement : 1° les cas dans lesquels il y avait usurpation de noblesse ou de titres ; 2° comment furent poursuivies et punies ces usurpations.

1° Cas d'usurpation de noblesse ou de titres.

Nous avons exposé comment on devenait noble et par quelles qualifications la noblesse légalement acquise se manifestait à l'extérieur.

C'est l'appréhension sans droit de cette qualité de noble ou autre équivalente par des individus n'appartenant pas à la noblesse et prétendant jouir de ses privilèges, qui constitue l'usurpation de noblesse proprement dite et qui est plus spécialement visée par les fréquentes ordonnances ou édits que depuis le XVIᵉ siècle rendirent les Rois et que nous citerons un peu plus loin.

Bien entendu, les non nobles, qui ne se contentaient pas d'usurper les qualifications de la simple noblesse, mais qui prenaient des titres plus élevés, étaient coupables tout à la fois de l'usurpation de ces titres et de l'usurpation de noblesse, mais celle-ci était la plus grave.

Quant aux usurpations de titres, elles existaient dans de nombreux cas.

Le pouvoir d'accorder des distinctions, honorifiques ou réelles, étant un attribut de la souveraineté, les seuls titres légitimes étaient ceux qui reposaient sur des lettres patentes du roi.

Cependant quand la puissance suprême appartenait au seigneur dans son fief, la volonté du seigneur put, en vertu du droit féodal, créer des titres réguliers. Au XVᵉ siècle la féodalité était vaincue et la royauté avait ressaisi les prérogatives qui lui appartenaient : à partir de ce moment la volonté du suzerain, manifestée sous la forme d'un acte de l'autorité suprême, put seule créer et conférer des titres.

Voilà le droit, mais bien des abus se produisirent qu'une longue tolérance fit passer à l'état d'usage.

Passons en revue les cas très différents d'usurpation de titres.

Nous avons établi plus haut la règle de l'indivisibilité des titres.

Or, très fréquemment, cette règle ne fut pas observée. D'abord l'aîné se fit souvent donner du vivant de son père le titre que portait celui-ci ; quant aux puînés, ils prenaient pour eux un titre supérieur à celui de chevalier et ils l'accolaient au nom du fief de dignité de l'aîné qui recevait ainsi deux qualifications différentes, usage contradictoire avec la nature du fief.

On s'habitua peu à peu à voir tous les enfants mâles d'une famille noble porter même du vivant de leur père le titre de chevalier, et comme on observait parfois dans la prise de ces titres une certaine hiérarchie, le vulgaire regardait volontiers tous les fils d'un noble comme autorisés à prendre chacun un titre.

Très fréquents furent les abus qui découlèrent de la divisibilité des titres, source féconde d'usurpation.

Le défaut d'enregistrement des lettres patentes portant érection d'une terre en dignité, faisait considérer comme usurpés les titres qui en découlaient. Ces lettres devaient être enregistrées, car la terre subissait une modification assez considérable dont devaient connaître le Parlement, la Cour des comptes et celle des Aydes.

D'autres fois, c'était une branche cadette qui relevait le titre de la branche aînée venant de s'éteindre, et cela sans avoir obtenu du Roi de nouvelles lettres patentes consacrant cette transmission.

L'acquisition d'une terre titrée prêtait également à l'usurpation : les acquéreurs, regardant la distinction comme inhérente à la terre, se l'appliquaient, sauf plus tard à invoquer le principe opposé que mettaient en avant les vendeurs, à savoir que le titre étant une récompense, en aliénant le domaine, on devait conserver le titre. Ainsi il y avait plusieurs personnes portant le titre de la même terre.

L'acquisition des fiefs par les non nobles a été l'origine de ce que les auteurs ont appelé la fausse noblesse.

Les particuliers non nobles et propriétaires de fiefs pouvaient bien, d'après un usage qui n'était qu'un abus, ajouter les noms de ces fiefs à leurs noms patronymiques, mais cela ne leur donnait aucun droit, aucune distinction honorifique, et suivant l'expression de Saint-Simon, ils conservaient toujours la qualité de la pleine et parfaite roture.

Si la famille noble, qui avait jadis aliéné le fief, mais qui en retenait encore le nom, venait à s'éteindre, l'acquéreur roturier s'en disait un rejeton et en prenait les armes. Trompé par l'identité des noms, le public voyait dans l'usurpateur un gentilhomme de vieille race. De plus, le fief noble, même passé à des roturiers, restait soumis aux règles de la transmission féodale (droit d'aînesse). Et certains bourgeois, les bourgeois de Paris, étaient autorisés à tenir des fiefs nobles sans payer le droit de franc fief, ce qui prêtait à la confusion. Tout se réunissait donc pour aider aux usurpations de noblesse et de qualifications nobiliaires.

Les titres provenant des honneurs de la Cour étaient personnels, néanmoins souvent on voyait la postérité de ceux qui les avaient obtenus, se les attribuer sans aucun scrupule et les rendre ainsi héréditaies.

Enfin que de titres énoncés par erreur, par complaisance ou par courtoisie dans les actes de l'état civil ou autres, dans des brevets, dans des écrits émanés du roi, dans des suscriptions de lettres. Les parlements, avec raison, ne reconnaissaient pas ces titres et les regardaient comme usurpés.

Cependant deux auteurs célèbres, La Roque et Tiraqueau, sont d'un sentiment opposé et soutiennent que si le roi traite de gentilhomme quelqu'un de ses sujets non noble, ce dernier est censé tacitement anobli.

Ajoutons à cela que beaucoup d'individus nobles ou non s'arrogeaient un titre par pure fantaisie ou caprice. Dans les grandes familles, les enfants, principalement les puinés, prenaient du vivant de leur père, à la guerre ou dans le monde un nom et un titre de noblesse quelconque, parfois un nom emprunté à un ascendant. Si le gentilhomme acquérait une célébrité sous son nom d'emprunt, il le gardait sans se mettre en peine d'obtenir l'agrément du roi.

Donc les usurpations de titres se renouvelèrent fréquemment, et sous des formes très variées dans le cours de l'ancienne monarchie.

Hugues Capet ne semble-t-il pas avoir donné un éclatant exemple d'usurpation, lorsque, dans une assemblée de vassaux, il transforma son titre ducal en titre royal.

Après le triomphe de la féodalité, on vit constamment les seigneurs décorer leur domaine et par suite leur personne d'un titre, arbitrairement choisi. La royauté voulut réprimer ces abus, elle fut dès l'origine impuissante. Henri Martin, dans son *Histoire de France*, t. III, p. 21, raconte le fait très suggestif suivant :

« Hugues Capet envoya un jour un héraut à Aldebert, qui venait de s'emparer de Tours et de Poitiers, et qui avait pris le titre de comte de ces deux villes, pour lui demander raison de ses conquêtes : « Qui t'a fait comte ? lui demanda-t-il. — Qui t'a fait roi ? répondit fièrement Aldebert. »

D'Hozier écrivait en 1638 dans le *Recueil armorial de Bretagne* : « Il y en a plusieurs en cette province qui s'attribuent, sans titres légitimes, ces qualités de marquis et de comtes, mais il ne s'en trouve rien dans les registres du Parlement : fors des défenses à plusieurs modernes de prendre les dites qualités, que quantité de personnes abusivement portent aujourd'hui par toute la France, sans autre droit et fondement que parce que leurs valets les appellent ainsi. »

Le titre de duc restait en dehors des usurpations. Pour quelle raison ? Ce titre entraînait des prérogatives particulières, ou au moins des honneurs de cour tout spéciaux qu'on n'osait pas s'attribuer sans droit.

Ce titre mis à part, tous les autres étaient l'objet de l'avidité de chacun. Marquis et comtes pullulaient au XVIIIe siècle.

« Les titres de comte et de marquis, écrivait Saint-Simon dans ses *Mémoires*, sont tombés dans la poussière par la « quantité de gens de rien et même sans terre qui les usurpent », et par là tombés dans le néant, si bien même que les gens de qualité qui sont marquis ou comtes, ont le ridicule d'être blessés qu'on leur donne ces titres en parlant à eux. »

L'usurpation des titres, jointe au trafic de la noblesse par les rois, trafic inauguré par la vente de lettres d'anoblissement, en même temps qu'elle augmentait le nombre des privilégiés, jetait le ridicule et le discrédit sur les titres. La littérature et le théâtre raillaient ces jeunes nobles plus ou moins authentiques qui se ruinaient par le jeu et la débauche. La Bruyère les flagellait vigoureusement dans ses *Caractères*, et Molière esquissait dans une comédie fameuse, le personnage devenu célèbre de M. Jourdain.

Voltaire écrivait dans l'*Essai sur les mœurs* : « Un nombre prodigieux de citoyens, banquiers, chirurgiens, marchands, domestiques de princes, commis, ont obtenu des lettres de noblesse, et, au bout de quelques générations, ils prennent chez leurs notaires le titre de très hauts et très puissants seigneurs. Ces titres ont avili la noblesse ancienne sans relever beaucoup la nouvelle. »

« En France, disait Montesquieu, on ne reconnaît ni les hommes à leur nom, ni les femmes à leur visage. »

A la veille de la Révolution en 1788, nous lisons ces lignes du généalogiste Maugard : « Il y a au moins 8.000 marquis, comtes ou barons, dont 2.000 au plus le sont légitimement, 4.000 bien dignes de l'être, mais qui ne le sont que par une tolérance abusive. »

On s'est demandé quelle pouvait bien être la proportion des titres réguliers avant 1789 et l'on est arrivé à cette constatation. Sur 100 titres il y en avait environ vingt-cinq de réguliers ; de 1815 à 1858 nous en trouverons seulement 12 0/0.

La conséquence des usurpations était de rendre plus lourd sur le Tiers État le poids des charges publiques, dans le cas d'usurpation de noblesse par un roturier. Dans le cas d'usurpation de titres par un noble, c'était un empiétement sur le pouvoir royal seul capable de conférer des distinctions, par conséquent un faux et un manque d'égard vis-à-vis du souverain, délit ou crime de lèse-majesté.

Que fit le pouvoir royal en présence de ces usurpations ? Cette question sera l'objet des pages suivantes.

2° Comment furent poursuivies et punies les usurpations de noblesse et de titres ?

Des usurpations aussi nombreuses et aussi effrontées soulevèrent plus d'une fois les réclamations de la noblesse, des Parlements et des Cours des Aydes. Pour remédier à des abus dont les effets étaient graves, les rois rendirent à diverses époques d'utiles et sages ordonnances ou édits : en outre plusieurs fois ils firent procéder à la recherche des usurpateurs.

Nous étudierons en suivant l'ordre chronologique les actes les plus importants de la royauté dans le cours des siècles.

La première recherche des faux nobles fut faite sous Louis XI. Elle fut confiée au commissaire Montfaut.

Des recherches analogues, soit particulières à quelques provinces, soit générales pour tout le royaume, à l'égard des francs fiefs, des tailles ou des titres de noblesse furent ordonnées dans le cours des XVe, XVIe et XVIIe siècles. En effet, tant à la faveur des événements de la guerre de Cent Ans, que plus tard au milieu des troubles de la Ligue, la confusion devint très grande en matière de noblesse. Beaucoup s'emparèrent de droits, de titres et de noms qui ne leur appartenaient pas. Ce fut pour remédier à cette anarchie que des commissaires furent envoyés dans les provinces pour rechercher les usurpateurs en 1583, 1596, 1600 et 1634. Mais la plus fameuse de ces recherches fut commencée un peu plus tard sous Louis XIV. Nous y reviendrons bientôt. Nous avons dit que les usurpations portaient surtout sur la qualité de noble (on prenait généralement la qualité d'écuyer), ensuite sur les titres et les armoiries. Les ordonnances et édits des rois renfermèrent souvent contre ces différentes usurpations des dispositions prohibitives et même pénales.

Dans une ordonnance du roi Henri II, donnée à Amboise le 26 mars 1555 avant Pâques, et publiée en la Cour des Aydes et finances de Normandie, l'article 7 est ainsi conçu :

« Défenses sont faites d'usurper la qualité de noblesse sous peine de 1000 livres d'amendes. »

Aux Etats de Blois en 1560, une ordonnance de Charles IX dispose dans l'article 110 : « Ceux qui usurperont le nom et le titre de noblesse ou porteront armoiries timbrées, seront mulctés d'amendes arbitraires. »

Des édits de juillet 1576, de septembre 1577 réitèrent les mêmes défenses. Ils visent aussi les habillements. Les femmes des roturiers ne doivent pas porter l'accoutrement de demoiselles et l'atour de velours.

Un édit de Henri III de mai 1579, après avoir établi que la principale force de la couronne consiste dans la noblesse, dont la diminution est l'affaiblissement de l'Etat, proclame dans l'article 257 : « Sa Majesté veut que l'ordonnance faite sur la remontrance des Etats tenus à Orléans, soit gardée contre ceux qui usurperaient faussement et contre vérité le titre de noble, prendraient le nom d'écuyer et porteraient armoiries timbrées, ordonnant qu'ils soient mulctés d'amendes arbitraires. »

C'est l'article suivant (258) qui résout la question de savoir si les acquéreurs de fiefs nobles sont anoblis :

« Les roturiers ou non nobles, achetant fiefs nobles, ne seront pour ce anoblis, ni mis au rang et degré des nobles de quelque revenu et valeur que soient les fiefs par eux acquis. »

Un édit de mars 1583 confirme l'article 257 de l'ordonnance précitée. Par ce même édit, le roi « veut que tous ceux qui ont usurpé le dit titre de noblesse (écuyer) sous quelque prétexte que ce soit, soient dorénavant taxés et imposés par les commissaires qui seront députés pour la réformation et règlement des tailles ».

« Seront également taxés et imposés tous ceux qui n'étant pas nobles de race usurpent néanmoins le dit titre, sous prétexte d'aucunes sentences et jugements par eux ou leurs prédécesseurs subrepticement obtenus : auxquels Sa Majesté veut que l'on n'ait aucun égard, s'ils n'ont été confirmés par arrêts des Cours de Parlement ou des aides ».

Le 8 août 1582 un arrêt de la Chambre de l'Edit au Parlement de Paris faisait défenses aux roturiers de prendre la qualité d'écuyer à peine de punition corporelle.

Dans l'Edit de Henri IV, de mars 1600, contenant un règlement sur les tailles, se trouve une disposition très importante que nous reproduisons :

« ART. 25. — La licence et corruption des temps, a été cause que plusieurs, sous prétexte qu'ils ont porté les armes durant les troubles, ont usurpé le nom de gentilshommes pour s'exempter induement de la contribution aux tailles, pour à quoi remédier, Sa Majesté défend à toutes personnes de prendre le titre d'écuyer et de s'insérer au corps de la noblesse, s'ils ne sont issus d'un aïeul et père qui aient fait profession des armes ou servi au public en quelques charges honorables, de celles qui par les lois et mœurs du royaume, peuvent donner commencement de noblesse, sans avoir jamais fait aucun acte vil et dérogeant à la dite qualité, et qu'eux aussi se rendant imitateurs de leur vertu, les aient suivis en cette louable façon de vivre à peine d'être dégradés avec déshonneur du titre qu'ils auront osé induement usurper. »

Cet édit confirme la déclaration du même prince du 23 août 1598, enjoignant aux commissaires « de ne point ajouter foi aux copies collationnées des titres que les nobles, exempts ou privilégiés leur représenteront, et de se faire représenter les originaux, de prendre garde également que les roturiers ne supposent des noms et armes des familles vraiment nobles ».

Aux Etats généraux tenus à Paris en 1614, la noblesse du royaume présente au Roi des cahiers de remontrance. Nul ne pourrait prendre la qualité d'écuyer qu'il n'eût fait apparoir de son extraction et généalogie par titres. On demandait que l'on fît la recherche de ceux qui avaient usurpé la noblesse et qu'ils fussent sévèrement punis.

Un édit de Louis XIII de janvier 1634, dans l'article 2, défend à ceux qui ne seraient pas de maison et extraction nobles de prendre la qualité d'écuyer et de porter armoiries timbrées, à peine de 2.000 livres d'amende.

Un autre édit du 30 décembre 1636 ordonne à ceux qui ont pris le titre d'écuyer, d'en justifier par titres originaux, à la première réquisition des commissaires établis pour en décider souverainement.

Sous Louis XIV, nous allons assister au plus fort de la lutte contre les usurpateurs de noblesse. En compulsant l'abrégé chronologique d'édits, déclarations, règlements, arrêts et lettres patentes des rois de France, concernant le fait de noblesse, par Cherin, conseiller de la Cour des aides et généalogiste des Ordres du Roi, nous rencontrons à chaque page des mesures destinées à arrêter les abus dont nous nous occupons. Des règlements des 15 mars 1655, 30 décembre 1656, 5 juillet 1664 commirent les Cours des aides pour la recherche des faux nobles dans le ressort de chacune de ces Cours. Pourquoi les Cours des aides ? En 1634, le droit de procéder sur le fait d'usurpation leur fut réservé, mais leur tâche et leur compétence furent souvent entravées par les parlements et d'autres cours.

Il arriva dans ces recherches que de véritables nobles furent inquiétés et vexés par les lenteurs et les frais des procédures.

Pendant ce temps, nous trouvons des déclarations du roi, des 8 février 1661, 26 février 1665, une ordonnance du 22 juin 1664 qui défendent à tous ceux qui ne sont pas d'extraction noble, ni gentilshommes, de prendre la qualité de chevalier, écuyer ou autres sous peine de 2000 livres d'amende.

Un arrêt du Parlement de Paris du 13 août 1663 fait défense à tous propriétaires de se qualifier barons, comtes, marquis, et d'en prendre la couronne à leurs armes, sinon en vertu de lettres patentes bien et dûment enregistrées.

Ces interdictions qui se renouvelaient périodiquement devenaient inefficaces. Les usurpateurs redoublaient d'audace. Ils fabriquaient des parchemins, invoquaient des pièces frauduleuses ou alléguaient de prétendues généalogies. Les juges n'étaient pas en état de discerner le vrai du faux.

Il fallait intervenir énergiquement et prendre des mesures générales et sévères pour arrêter le mal. Alors fut rendu le très célèbre arrêt du Conseil d'Etat du roi du 22 mars 1666. Louis XIV, à l'instigation de son ministre Colbert et sur la réclamation de la noblesse qui avait eu à souffrir des vexations et des chantages sans nombre, de la part des officiers des Cours des aides chargés de la recherche des usurpations, leur retira les poursuites et chargea des intendants de province et des commissaires spéciaux de reprendre le travail. Il espérait que cette recherche menée avec intelligence et honnêteté produirait les résultats désirés et que l'on ne verrait plus comme dans le passé des fermiers avides trafiquer de leur mandat. D'après l'arrêt de 1666, les commissaires départis en chaque province devaient faire assigner devant eux les véritables gentilshommes et les prétendus usurpateurs pour représenter leurs titres, même les arrêts et jugements rendus en faveur de quelques particuliers déclarés nobles par ces arrêts.

« Deux actes en justice ou un seul de donation, testament, partage, contrat de mariage où la qualité d'écuyer ou de chevalier aura été indûment prise, de même que s'être fait mettre au nombre des exempts dans les rôles des tailles, suffiront pour être déclaré usurpateur et condamné comme tel » (Déclaration du roi du 22 mars 1666).

L'article 17 ordonnait « qu'à la fin de la recherche il fût fait un catalogue contenant les noms, surnoms, armes et demeures des dits véritables gentilshommes, pour être registrés en chaque bailliage et y avoir recours à l'avenir ».

Des arrêts du Conseil des 15 mars 1669 et 2 juin 1670 prescrivaient le dépôt de ces catalogues en la bibliothèque du roi, ainsi que les états des particuliers condamnés comme usurpateurs.

L'appel devait être jugé par les sieurs commissaires généraux du Conseil.

Cette enquête, commencée avec beaucoup de sévérité, fut suspendue en 1674, à cause des guerres qu'à ce moment la France avait à soutenir en Europe : la commission pour la recherche des usurpateurs fut révoquée par arrêt du Conseil du 6 janvier 1674.

Alors les usurpations se multiplièrent : ceux qui avaient été condamnés, relevèrent la tête et reprirent leurs titres.

Par édit de mars 1696, le roi avait créé 500 nobles. C'était, nous l'avons dit, imposer une charge plus lourde aux autres taillables. Il fallait les dédommager ; de plus, on avait besoin d'argent.

Aussi une déclaration du 4 septembre 1696 intervint, où après avoir rappelé les recherches antérieures et leur but, le roi ordonna « qu'il soit fait une exacte recherche, tant de ceux qui auront continué d'usurper les qualités de noble homme, d'écuyer, de messire et de chevalier, depuis les condamnations rendues contre eux ou leurs pères, soit par des arrêts du Conseil, par des jugements des commissaires nommés pour les recherches de la noblesse et des francs fiefs, arrêts de la Cour des aides ou autres jugements, que de tous autres usurpateurs des mêmes titres et qualités qui se trouveront les avoir usurpés avant et depuis, et qui n'auront été recherchés, poursuivis, ni condamnés, lesquels, sur des actes où ils auront pris les dites qualités, seront assignés, au mois pour tout délai, par devant les commissaires départis dans les provinces et généralités du royaume, et condamnés en 2.000 livres d'amende, et en telles sentences qui seront arbitrées par les dits sieurs commissaires pour l'indue exemption du passé de la contribution aux tailles, ensemble les deux sols pour livre ».

La recherche des usurpateurs fut donc reprise, mais avec moins de sévérité. Une déclaration du 30 janvier 1703 vise le cas où les assignés produisent dans leurs preuves de noblesse des titres imprégnés de faux et leur inflige une amende assez lourde.

Les usurpateurs trainaient en longueur l'instruction des instances formées contre eux.

Un arrêt du Conseil d'État du 15 mai 1703 prescrivit une forme de procédure propre à accélérer le jugement. De plus dans son article 3 il disposa que tout homme qui dans un seul acte aura pris indûment la qualité de noble homme, écuyer ou chevalier, devant notaire ou autre personne publique, sera assigné au mois par devant lesdits sieurs commissaires généraux ou par devant les commissaires départis.

Le 16 janvier 1714 la preuve de noblesse fut limitée à cent ans par une déclaration du roi. Pour les usurpations de noblesse déjà anciennes, on fixa une date au delà de laquelle les titres ne seraient plus exigibles. On se contenta d'une possession de notoriété publique, on admit une prescription centenaire en matière d'usurpation de noblesse.

Quelques-uns avaient pour but d'acquérir la possession centenaire qu'ils opposaient ensuite aux poursuivants. Intervint alors la déclaration du 7 octobre 1717 ordonnant « que ceux qui ont été déclarés usurpateurs par des jugements rendus avant le 16 janvier 1714 et qui se seront pourvus par appel, par opposition, ou autrement, ou ceux dont les auteurs ont renoncé, et ceux qui auront été maintenus dans leur noblesse par des jugements contre lesquels le poursuivant de la recherche ou autre particulier se serait pourvu, seront tenus de prouver une possession centenaire antérieure à l'assignation qui leur a été donnée ».

Après avoir prorogé le délai pour la recherche des usurpateurs en 1716 et 1717, le roi supprima cette recherche le 1ᵉʳ juillet 1718. Cependant elle ne cessa entièrement qu'en 1727. Désormais, comme le proclama une déclaration du roi du 8 octobre 1729, toutes les instances indécises concernant l'usurpation du titre de noblesse seront renvoyées aux Cours des aides qui jugeront également toutes les contestations futures.

Quels furent les résultats de cette célèbre enquête qui dura plus d'un demi-siècle ? Les commissaires eurent à vaincre bien des difficultés. La véritable noblesse souffrit beaucoup de la recherche et fut engagée dans de longs et dispendieux procès.

Les détenteurs de faux titres recouraient à toutes les ressources de la chicane pour paralyser l'action des commissaires et éviter la radiation et l'amende.

Si beaucoup de faux nobles ont été démasqués et condamnés à payer l'amende, il y en eut aussi un certain nombre qui obtinrent de conserver leurs titres, et certains auteurs affirment que les commissaires ont fait plus de nobles qu'ils en ont défait. Au lieu de se borner à vérifier les armoiries et à les enregistrer, volontiers on se chargea parfois de les compléter et de les embellir. Boileau blâme les complaisances de d'Hozier.

A-t-on dressé le catalogue prescrit des véritables nobles et la liste des usurpateurs?

« Par l'exécution de ce catalogue, rapporte Chérin, on aurait coupé la racine des usurpations, la condition de tous les sujets du royaume aurait été fixée et la noblesse désormais exempte du soin de faire des preuves, aurait joui paisiblement et sans trouble des privilèges de son origine. » M. Maury dit que ce catalogue contenant les noms, prénoms, armes et demeure des gentilshommes reconnus, constitue le cabinet des titres et se conserve aujourd'hui au département des manuscrits à la Bibliothèque nationale.

Pour être complet sur la législation répressive en matière d'usurpation de noblesse sous l'ancienne monarchie, nous croyons devoir mentionner les ordonnances rendues dans les Etats espagnols, aux Pays-Bas et en Franche-Comté, par les souverains d'Espagne. Dans ces pays, comme chez nous, les bourgeois propriétaires de fiefs se donnaient indûment des qualifications nobiliaires. Des ordonnances et édits rendus par Philippe roi d'Aragon le 23 septembre 1595, par Isabelle en 1616 réglèrent tout ce qui touchait au port des titres et des armoiries et interdirent les usurpations. On sévit dans ces pays avec moins de rigueur. Aussi, lorsque Louis XIV victorieux réunit à son royaume la Flandre et le comté de Bourgogne, il dut laisser aux habitants le bénéfice de cette législation plus indulgente. Il prit des dispositions spéciales contre les usurpateurs en Bourgogne et en Franche-Comté par la déclaration du 3 mars 1699, en Flandre par celle du 8 décembre 1699.

Nous citons cette dernière déclaration de Louis XIV, à cause de son importance :

« Voulons qu'il soit fait une exacte recherche dans nos provinces de Flandres, Artois et Hainaut, de tous ceux qui ont pris indûment les qualités de nobles, écuyers et autres titres de noblesse, comme aussi de tous ceux qui ont contrevenu aux ordonnances et règlements faits pour ces provinces par les rois d'Espagne, en quelque sorte et manière que ce soit ; et sur les assignations qui ont été données jusqu'à présent et qui le seront ci-après, ils soient condamnés pour chaque contravention et sur un seul acte dans lequel ils auront pris les dites qualités, en l'amende de cinquante florins ; que les roturiers qui auront pris les noms et armes des maisons nobles, et même les nobles qui auront pris les noms et armes d'autres familles nobles sans permission, seront condamnés en cent florins d'amende : ceux qui auront usurpé les noms des fiefs et terres qu'ils possèdent, et dont le nom a donné le surnom à une famille noble, comme aussi les roturiers qui auront pris les qualités de marquis, comtes, barons, et autres titres honorables des terres titrées qu'ils possèdent, seront condamnés en cent florins d'amende ; ordonnons que ceux qui, ayant dérogé à la noblesse, en ont pris les titres et qualités avant que d'avoir obtenu des lettres de réhabilitation, seront condamnés en pareille amende de cent florins, de même que ceux qui, sans avoir été faits chevaliers, en auront pris la qualité ; les nobles qui auront pris les qualités de comte, vicomte, baron et autres, sans avoir des terres décorées de pareils titres, seront condamnés en cinquante florins d'amende ; comme aussi voulons et nous plaît, que ceux qui, ayant été faits chevaliers par des princes étrangers, ensemble ceux qui ayant obtenu des lettres d'anoblissement ou d'érection de leurs terres en dignité, d'aucuns princes étrangers en auront pris les titres, seront condamnés en deux cents florins d'amende. » Ces dispositions restèrent en vigueur dans les Pays-Bas autrichiens ; Louis XIV les confirma dans les Pays-Bas français pour les contraventions antérieures à la déclaration de 1699 ; mais il jugea à propos de sévir avec plus de rigueur contre celles que l'on pourrait commettre dans la suite (2000 livres d'amende).

Dans quelques provinces, comme celles du Lyonnais, Forez et Beaujolais, sans encourir la peine des usurpateurs de noblesse, les officiers de justice, les avocats et les médecins de ces provinces peuvent prendre la qualité de nobles et ce en vertu de la possession dans laquelle ils sont de prendre cette qualification et dans laquelle ils ont été maintenus par arrêt du Conseil d'Etat du 15 mai 1703.

La noblesse, sous l'ancien régime, était un fait, elle se révélait au dehors et elle devait se vérifier tant par lettres que par témoins. L'usage des preuves commença aux tournois. Dans la suite, on exigea des preuves de noblesse à des degrés différents, soit pour occuper certains emplois, ou pour jouir des honneurs de la Cour.

Dans les preuves, il faut distinguer deux choses, la filiation qui se prouve par des titres authentiques établissant l'ascendance et la descendance des générations, et la noblesse.

Pour examiner les preuves de noblesse, il y eut tout d'abord des hérauts d'armes dont l'origine remontait à l'époque des tournois. Ceux-ci firent plus tard, dans les provinces, des enquêtes sur la noblesse. Mais cette institution très utile, qui aurait pu prévenir ou restreindre bien des abus, dégénéra promptement. Louis XIII, sur les plaintes de la noblesse, créa un office de juge d'armes pour connaître des armes et blasons.

Louis XIV supprima cette charge et organisa une maîtrise générale et des maîtrises particulières dans le but de former un armorial général. Ces charges restèrent sans acquéreurs.

L'office de juges d'armes fut rétabli par édit d'avril 1701, mais rempli avec négligence.

Après la grande recherche des usurpateurs qui, comme nous l'avons vu, se termina en 1727, la confusion revint et les usurpations recommencèrent. La débâcle de Law et les folles dépenses des gentilshommes avaient ruiné ceux-ci. Ils avaient été obligés de vendre leurs biens à des bourgeois. De plus, le gouvernement, à la recherche d'argent, prodiguait les anoblissements.

Les roturiers, devenus seigneurs de terres nobles, s'arrogeaient les titres les plus élevés.

Le gouvernement ne sévissait guère contre les délinquants. De temps en temps, des poursuites étaient ordonnées par les Parlements et les Cours des Aydes.

Ainsi, dans le cours du XVIII⁰ siècle, le chiffre des nobles s'accrut dans des proportions considérables. Chérin, à la veille de la Révolution, trouvait leur nombre si élevé qu'il déclarait impossible d'en faire le recensement.

Les véritables gentilshommes n'étaient plus distingués des possesseurs de fiefs nobles, et les usurpateurs de noblesse et de titres semblaient plus audacieux que jamais.

La Révolution va passer, proclamant l'égalité des citoyens, et abolissant toute distinction.

Mais son œuvre, nous le constaterons, sera éphémère, et dans le cours de notre siècle, l'amour des dignités et des titres reparaîtra aussi vivace, car il n'est pas facile de détruire au cœur de l'homme la vanité qui fait naître ces abus, et comme au XVIIe siècle se vérifie de nos jours ces vers du fabuliste La Fontaine :

> « Se croire un personnage est fort commun en France,
> On y fait l'homme d'importance,
> Et l'on n'est souvent qu'un bourgeois.
> C'est proprement le mal françois. »
>
> (*Le rat et l'éléphant*, livre VIII.)

Résumons la législation de l'ancien droit en ce qui concerne l'usurpation de noblesse (1).

Ce qui est puni alors, c'est l'appréhension non justifiée de la qualification de noblesse.

Mais il faut que l'usurpation se manifeste à l'extérieur dans des actes publics.

De plus la sanction de la prohibition est double : les usurpateurs sont d'abord réinscrits au rôle des tailles et privés de la qualification prise.

Ils sont ensuite condamnés à l'amende.

Avant d'aborder l'étude de la noblesse dans le droit intermédiaire, nous rechercherons si, en dehors des titres, il n'y a pas d'autres signes de noblesse, dont l'usurpation par conséquent pourrait également être réprimée.

Dans les deux sections suivantes, nous parlerons :

1° De la particule et des noms de terres ;

2° Des armoiries.

______

(1) Avant 1789, l'usurpation de noblesse constituait un délit politique. Les lois qui la réprimaient étaient donc favorables et intervenaient dans l'intérêt de la majorité de la nation passible des impôts.

SECTION III. — **De la particule et des noms de terre.**

Nous avons vu que, dans l'ancien droit, la noblesse
se manifestait par un titre. A côté des titres de
dignité comme ceux des ducs, comtes, etc., il y
avait la simple qualification d'écuyer que l'on plaçait
après le nom et qui était caractéristique de noblesse
dans tout le royaume.

Sont-ce là les seules marques de la noblesse, et
ne faut-il pas attribuer ce privilège à certaines
particules et aux noms de terre ?

L'opinion commune semble les regarder comme
indiquant la noblesse. Nous démontrerons, en remontant aux origines, qu'il y a là une erreur grave.

M. Paulin Paris lut le 31 juillet 1861 à l'Académie impériale de Reims, un Mémoire très documenté
sur la particule dite nobiliaire. Il y montre parfaitement l'importance qu'il convient de lui accorder.

La particule dont il s'agit est la préposition *de, du*
ou *des*.

Nous trouvons dans le *Dictionnaire de l'Académie*
ces lignes : « *de* s'emploie d'une façon particulière
pour distinguer les noms propres de nobles, ordinairement empruntés au lieu d'origine, à quelque
particularité locale, à une terre, etc... dans la plupart de ces dénominations, il y a ellipse d'un titre
de noblesse, etc... »

Cette affirmation n'est pas exacte : nous allons essayer de le démontrer, en résolvant la question suivante : comment se formèrent les noms français ?

Durant les premiers siècles de notre histoire, la vie des individus se passait dans un cercle très étroit. C'était une existence à peu près locale ; et ne communiquant qu'avec un nombre très restreint de personnes, nos ancêtres ne pouvaient pas facilement être confondus les uns avec les autres : aussi ils ne portaient qu'un nom, celui de baptême, accompagné parfois d'un surnom, emprunté à quelque qualité ou défaut.

Peu à peu le cercle de la vie sociale s'élargit, les rapports entre les hommes devinrent plus fréquents. Des milliers de gens se trouvèrent rassemblés pour prendre part aux Croisades et pour gagner des pays lointains. Un seul nom individuel ne suffit plus, on chercha un nom s'appliquant aux descendants du même père et se transmettant à la race : ce fut le nom de famille ou nom patronymique. Le nom de baptême devint le prénom.

Pour trouver un nom de famille, on s'adressa à la terre. A cette époque, il est vrai, la terre était un signe de puissance et appartenait aux nobles. Presque toujours la particule réunit le prénom au nom. Elle marqua dans ce cas la possession : X. de N. cela veut dire X seigneur de N.

Mais il n'y a pas que les nobles qui ont besoin de

se distinguer entre eux par un nom. Les roturiers parvenus à l'indépendance prennent également un nom de famille et ils l'empruntent la plupart du temps à leur terre natale. Ce nom indique non plus la possession mais l'origine et est précédé de la particule.

Il y eut donc des noms nobles comme des noms roturiers empruntés à la terre et précédés de la particule. De plus un certain nombre de gentilshommes ne portaient ni nom de terre ni particule; ils avaient tiré leur nom d'une habitude, ou d'une ressemblance morale ou physique : La Roque signale dans ce cas les Le Veneur, les Le Loup. La particule était donc indifférente à tous, nobles ou roturiers. Le *Le* ne faisait jamais présumer la noblesse. Au XVIᵉ siècle, les roturiers acquéreurs de fiefs en prenaient le nom, de plus les nobles eux-mêmes échangeaient la noblesse de leurs ancêtres contre celle de leurs seigneuries.

La fixité des noms de famille est un principe nouveau dans notre législation. Jusqu'au milieu du XVIᵉ siècle, tout le monde pouvait changer de nom pourvu que ce fût sans fraude. Pour réprimer ces abus de changement de noms, Henri III promulgua l'Edit d'Amboise le 26 mars 1555, applicable à tous et qui attribuait au roi seul le pouvoir d'autoriser les changements de noms.

Autrefois en France on changeait de nom sans

aucune formalité. L'ordonnance de 1555 défendit à toutes personnes de changer leurs noms et leurs armes à peine de 1000 livres d'amendes, d'être punies comme faussaires et être exautorées et privées de tous degrés et privilèges de noblesse.

La défense de changer de nom sans la permission du roi renferme celle d'ajouter au nom que l'on porte l'article de ou du.

Cet édit ne fut ni enregistré, ni exécuté. Un autre édit de janvier 1629 article 211, interdit aux nobles de signer les actes publics du nom de leurs seigneuries.

Malgré ces édits, les roturiers aussi bien que les nobles conservèrent l'habitude et la liberté de porter le nom des fiefs qu'ils possédaient, ou, quand ils n'en avaient pas, de prendre le nom de quelque coin de terre, croyant par là s'anoblir.

En un mot il est certain que la jurisprudence admet d'une manière uniforme que tout propriétaire de fief avant 1789, pouvait joindre à son nom, le nom de son fief, en le faisant précéder de la particule de.

L'addition du nom d'une terre ou d'un fief appelle la particule de. Mais cette particule n'est ni constitutive, ni indicative de noblesse.

Ceci dit, nous pouvons définir le nom de terre : un nom honoraire, de luxe, capable de disparaître sans enlever à la famille la désignation dont elle a besoin. Il est venu se greffer sur le nom de famille pour constater ou simuler le droit de la famille sur un domaine, et n'implique pas la noblesse.

Comme la particule le nom de terre pouvait être conféré par le roi : nous trouvons de rares exemples de ces concessions dans l'ancien droit.

En 1474, Louis XI autorisa un notaire appelé Decaumont à séparer la première syllabe de son nom.

En 1595, Henri IV accorde un *du* à Jean Loir. Beaucoup usurpèrent la particule, et ajoutèrent seulement *de* ou *du* devant le nom de leurs pères. Alors il se produisit de singulières conséquences.

Au point de vue linguistique, la particule doit marquer, sinon la possession et la seigneurie, au moins l'origine et la provenance : Que vit-on ? L'addition de la particule à des mots de toute espèce, des prénoms, des adjectifs, des noms d'animaux, de mois. Il y eut les d'Eve, de la Force, de la Barbe, etc.

Tout cela était absurde.

Et Ménage écrivait très spirituellement : « Je connais un avocat appelé Loyal ; celui-là se gardera bien de suivre la ridicule méthode d'ajouter un *de* en tête de son nom. »

L'addition d'une particule ne fut jamais sous l'ancien régime un signe de noblesse, et c'est très justement qu'on a dit que ce n'est pas elle qui anoblit le nom, mais bien le nom qui l'anoblit suivant son origine.

Les dispositions pénales édictées contre les usurpateurs de noblesse et de titres ne s'appliquèrent donc pas à l'usurpation de la particule ou de noms de terre.

Pendant la grande recherche des usurpations sous Louis XIV, on n'inquiéta jamais ceux qui avaient ajouté à leurs noms une particule ou la dénomination d'une seigneurie. Le bon La Fontaine lui-même fut poursuivi, non à cause de la particule dont son nom était décoré, mais parce qu'il avait pris sans droit un titre de noblesse, celui d'écuyer.

A ce sujet il adressa en 1662 une épître à son protecteur le duc de Bouillon (5° épître).

Les nombreux arrêts de maintenue rendus en faveur des anciens nobles prouvent que l'emploi de la particule *de* ne fut jamais érigé en prétention nobiliaire.

Et un auteur donnait aux ambitieux un excellent conseil en même temps qu'il émettait une vérité juridique, lorsqu'il écrivait :

> « Aimez votre origine, et restez-lui fidèle,
> Enfant de la roture et baptisé par elle !
> Songez, si votre nom a pour vous peu d'appâts
> Qu'un *de* souvent l'allonge et ne l'anoblit pas (1). »

Résumons-nous donc :

Le titre fut sous l'ancien régime, le seul et véritable signe de la naissance.

____

(1) Etienne Arago, *Les Aristocrates*. Comédie.

Quant à la particule, c'est à tort qu'on l'appelle nobiliaire. Fort diverse est l'origine des noms qui la réclament. Liée au nom ou séparée de lui, quelle que soit la place qu'elle occupe, avant ou après le nom patronymique, la particule n'a pas de vertu propre. C'est du nom, d'après son origine, qu'elle tire sa signification et son caractère.

Aussi M. de Semainville dit très bien : « On peut être noble d'anciene chevalerie, de nom, d'armes et de cri et s'appeler Poil Vilain par exemple : on peut également être d'une famille ayant toujours appartenu à la dernière classe de la société et s'appeler de N... »

Les noms de terre sont également par eux-mêmes dépourvus de toute signification nobiliaire, car nobles comme roturiers peuvent s'en parer.

Le législateur de l'ancien droit n'a donc jamais rangé les usurpations de particule et de noms de terre au nombre des usurpations de noblesse. Nous verrons plus loin s'il en a été ainsi dans le droit moderne et si les principes de la Monarchie ont été appliqués.

SECTION IV. — **Armoiries et timbres**.

Comme les titres, les armoiries sont un signe nobiliaire. Le P. Menestrier, auteur d'un savant ouvrage sur le blason, les définit « des marques d'hon-

neur, composées de figures et de couleurs fixes et
déterminées qui servent à marquer la noblesse et à
distinguer les familles qui ont droit de les porter ».

L'usage des armoiries remonte aux Croisades. A
cette époque des multitudes innombrables se préci-
pitaient vers l'Orient. Les chevaliers cherchèrent un
moyen de se faire remarquer et reconnaître dans
les combats, ce qui n'était pas facile, car ils avaient
la tête et les membres cachés par de lourdes armures
de fer. C'est alors qu'ils eurent l'idée de peindre des
figures déterminées sur leur écu, ou bouclier de cheval, qui était l'arme la plus commune aux gens de
guerre. De là est venu qu'on a appelé ces devises,
écus. Lorsqu'on ne se servit plus des écus et des
boucliers, on continua néanmoins à faire peindre les
mêmes figures sur les autres armes, mais on leur
donna ordinairement la forme ancienne de l'écu qu'on
appela pour cela écusson. A ces devises et figures
on attribua le nom général d'armes ou armoiries.

La science du blason qui sert à les déchiffrer et à
les expliquer, vient du mot allemand *blasen* qui signifie sonner de la trompe ; car, dans les tournois, les
guerriers qui s'y présentaient, portaient une trompe
avec laquelle ils appelaient ceux qui devaient vérifier
leur noblesse.

En principe, les armoiries étaient l'apanage exclusif des nobles, car le métier des armes était la
source principale de la noblesse. Il existait des rè-

gles de jouissance pour les armoiries comme pour les titres.

Les armoiries originaires d'une famille ne pouvaient être portées pleines, sans changement que par l'aîné : les autres fils devaient y introduire des modifications appelées brisures.

Mais bientôt ces règles s'altérèrent ; les rois pour anoblir des sujets leur concédèrent des armoiries. Parfois la concession s'étendait à une généralité d'individus, comme en 1371, lorsque Charles V, par une charte, anoblit les Parisiens, et leur donna le droit de porter des armoiries.

Les plus notables bourgeois des principales villes se mirent aussi à en porter. Les roturiers s'en parèrent également, on en vendit même à bas prix.

Alors les gentilshommes mirent au-dessus des leurs, comme marque distinctive, un heaume ou armure de tête, ce qu'ils ont appelé timbre, car au début il avait la forme d'une cloche (*tintinnabulum*). Il semblait qu'une pareille marque ne pouvait convenir qu'à un homme d'armes. Et cependant on vit usurper cette marque par des anoblis d'office. Loyseau remarque très justement qu'il est ridicule de voir l'armoirie d'un officier de robe, coiffée d'un heaume, alors qu'elle devrait être timbrée d'un bonnet carré, comme celle des évêques est timbrée de leur mitre, et celle des cardinaux de leur chapeau. Car, dit-il, le timbre est toujours composé de l'habillement de tête. Il se réfère particulièrement à la personne, et non pas à la famille comme l'armoirie. Non seulement la simple noblesse timbre ses armoiries, mais les roturiers en font autant.

Les gentilshommes impriment alors à leurs armoiries une dernière transformation : le casque ou le heaume est remplacé par une couronne qui varie suivant le titre. Cette couronne appartient exclusivement aux nobles titrés. Le timbre devient le titre visible ; le droit au timbre se confond avec le droit au titre, et l'usurpation des timbres, devenue aussi fréquente que celle des titres doit être réprimée comme elle, car elle viole également l'ordre public. Quelles mesures prit-on sous l'ancienne monarchie pour prévenir ou réprimer l'usurpation des armoiries timbrées, signe de la noblesse ? Nous distinguerons deux moyens différents : d'abord une surveillance fut établie pour empêcher de s'attribuer indûment des armes et pour vérifier les blasons. Elle fut confiée à un maréchal d'armes. Créé par lettres patentes de Charles VII (17 juin 1487) ce maréchal n'avait pas le droit de conférer des armoiries ou timbres, mais seulement celui de les constater et de les régulariser ; on appelait cela : régler les armoiries.

Plus tard ce furent des juges d'armes qui réglèrent les armoiries et toutes les questions s'y rapportant.

Nous citerons tout particulièrement l'édit de

Louis XIV de Novembre 1696 « créant et établissant
dans sa bonne ville de Paris, une grande maîtrise
générale et souveraine, avec un armorial général
ou dépôt public des armes et blasons du royaume,
ensemble le nombre des maîtrises particulières
qu'elle jugerait à propos ».

Souvent il y eut de la part de ces officiers des complaisances coupables, et moyennant finance, des
non nobles obtinrent non seulement de garder les
armes dont ils s'étaient emparé faussement, mais
encore les complétèrent et se firent attribuer un timbre supérieur à celui qu'ils avaient usurpé.

Le second moyen employé par la royauté pour réprimer l'usurpation d'armoiries timbrées fut la promulgation de dispositions pénales. En général nous
trouvons l'usurpation d'armoiries timbrées prévue et
punie par les mêmes édits et ordonnances qui répri-
ment l'usurpation de noblesse. Nous ne reviendrons
pas sur les nombreuses dispositions que nous avons
citées précédemment et qui, à partir de l'ordonnance
d'Orléans en 1560, se succédèrent pendant les XVIᵉ,
XVIIᵉ et XVIIIᵉ siècles presque jusqu'à la veille de
la Révolution.

La peine fut la même que pour l'usurpation de la
qualité d'écuyer ou autre titre de noblesse : d'abord
la réinscription au rôle des tailles, ensuite une
amende variable suivant les époques.

Signalons spécialement l'arrêt du Parlement de

Paris du 13 août 1663, « portant défenses à tous propriétaires de terres de se qualifier barons et d'en prendre les couronnes à leurs armes, sinon en vertu de lettres patentes dûment vérifiées, et à ceux qui ne sont point gentilshommes de timbrer leurs armes, le tout à peine de 1500 livres d'amende ».

Malgré toutes les mesures prises, malgré toutes les menaces pénales, l'usurpation des armoiries timbrées, forme de l'usurpation de noblesse, se donna libre carrière, et cela sous ces deux aspects : des non nobles prenaient des armes timbrées, des nobles portaient des couronnes d'une dignité supérieure à leur titre.

Voilà où en était arrivée la société française à la fin du XVIIIe siècle. Tout le monde voulait s'élever, de là des abus très graves et une confusion complète.

La Révolution se chargera de passer momentanément son niveau égalitaire sur tout et sur tous.

CHAPITRE II

LES TITRES ET LA RÉVOLUTION.

Législation révolutionnaire. Suppression de la noblesse et des titres. — La particule et les noms de terre.

Nous avons étudié, jusqu'en 1789, l'histoire et la législation de la noblesse, et des signes regardés justement ou non comme la caractérisant au dehors (titres, armoiries, particule et nom de terre). Nous avons constaté les abus qui s'étaient introduits dans cette classe politique et déploré l'impuissance du pouvoir vis-à-vis des fréquentes usurpations, qui se produisaient, grossissant le nombre des privilégiés, au préjudice de la masse du peuple.

Le mal était très grand à la fin du XVIIIe siècle, lorsque brillèrent les premières lueurs de la Révolution. Préparée de longue date par les philosophes et les penseurs qui semaient partout des idées de liberté et d'égalité, rendue nécessaire par l'urgence de réformes souvent promises, jamais accordées, la Révolution éclata en 1789, et rapidement dépassa le but humanitaire et civilisateur qu'elle s'était tout d'abord proposé. Au lieu de guérir, elle anéantit, au lieu de soigner des plaies, elle y porta le fer et le feu.

Dans la matière qui nous intéresse particulièrement, vis-à-vis de la noblesse, elle prétendit tout détruire, au lieu de la réformer et de la dégager des éléments étrangers qui l'avaient envahie.

A l'instigation de la bourgeoisie, les masses rurales se ruèrent à l'aveugle sur les châteaux, assouvissant sur les personnes leur haine jalouse, et redoublant de fureur et de férocité au moment où les privilèges venaient d'être sacrifiés, et où la noblesse abandonnait tous ses droits. Il ne faut donc pas nous étonner si l'œuvre de la Révolution a été si désastreuse et si éphémère, car à la place de lois sages et libérales, qui auraient respecté et sauvegardé tout ce qui n'était pas incompatible avec les principes nouveaux, elle édicta des lois draconiennes dont nous allons exposer la série.

Le 4 août 1789, sur la proposition du duc d'Aiguillon, l'Assemblée nationale proclama l'abolition des droits féodaux. Plus de mainmorte, de servage, de dîmes. Les privilèges de la noblesse furent anéantis : il ne lui resta plus que des avantages honorifiques.

Le 5 novembre de la même année, il fut décrété qu'il n'existait plus en France aucune distinction d'ordres. C'était l'égalité de tous les citoyens.

En 1790, le 15 mars, on établit le partage égal des successions sans égard aux biens nobles.

Toutes ces réformes étaient parfaitement admissibles.

Mais il n'en fut pas de même dans la suite. Par décret des 19-23 juin 1790 toutes les qualifications nobiliaires furent supprimées, ainsi que certaines appellations comme celles de monseigneur, messire, altesse, excellence. On interdit aussi l'emploi des armoiries et livrées. Aucun citoyen ne pourrait désormais porter d'autre nom que le nom patronymique de sa famille.

Cette loi ne prononçait encore aucune pénalité : néanmoins elle était inspirée par de fausses considérations. Supprimer des titres de noblesse et des noms féodaux qui ne représentaient plus rien de réel, c'est-à-dire aucun privilège, mais qui rappelaient un patrimoine moral d'honneur et de dévouement à la patrie, c'était tomber dans une dangereuse exagération.

Mais la Révolution ne s'arrêta pas là ; un peu plus d'un an après, un décret de l'Assemblée nationale du 26 septembre 1791 énonçait et fixait les pénalités encourues par les contrevenants.

Citons *in extenso* ce décret très important :

« Il est ordonné que tout citoyen français qui insérerait dans ses quittances, obligations, promesses, et généralement dans tous actes quelconques, des qualifications nobiliaires abolies par la constitution ou des titres ci-devant attribués à des fonctions qui n'existent plus, sera condamné par corps à une amende égale à six fois la valeur de sa contribution mobilière, sans déduction de la contribution foncière, etc......

« Seront punis des mêmes peines et frappés de la même amende les citoyens français qui porteraient les marques distinctives qui ont été abolies, ou qui feraient porter des livrées à leurs domestiques, et placeraient des armoiries sur leurs maisons ou sur leurs voitures. Les officiers municipaux et de police seront tenus de constater et de dresser les procès-verbaux de ces contraventions, lesquels seront remis aussitôt au greffier du tribunal pour être transmis au commissaire du roi, qui, sous peine de forfaiture, sera tenu d'en faire état aux juges dans les 24 heures de la remise qui lui aura été faite.

« Les notaires et tous autres fonctionnaires et officiers publics ne pourront recevoir des actes où ces qualifications et titres supprimés seraient contenus et énoncés, à peine de l'interdiction absolue de leurs fonctions, et leur contravention pourra être dénoncée par tout citoyen.

« Seront également destitués de leurs fonctions tous notaires, fonctionnaires et officiers publics qui auraient prêté leur ministère à l'effet d'établir des preuves dites de noblesse ; et les particuliers contre lesquels il serait relevé et prouvé qu'ils ont délivré des certificats tendant à la même fin, seront condamnés à une amende égale à six fois la valeur de leur contribution mobilière, et à ètre rayés du tableau civique ; ils seront en outre déclarés incapables d'occuper à l'avenir aucunes fonctions publiques.

« Les préposés au droit d'enregistrement seront tenus, à peine de destitution, d'arrêter les actes qui contiendraient quelques-uns des titres nobiliaires et qualifications abolis, et de les remettre au commissaire du roi du tribunal, lequel sera tenu de poursuivre les contrevenants comme il est dit ci-dessus. »

La pénalité consistait donc dans une amende et dans la privation des droits civils, cette dernière peine destinée à punir le côté politique du délit.

Le délit était constitué par l'insertion dans un acte quelconque des qualifications supprimées, ou par l'usage d'armoiries ou de livrées.

On n'allait pas fouiller dans la vie privée, car pour établir l'existence du délit, on exigeait la preuve écrite ou la publicité.

En même temps qu'intervenaient ces pénalités dont nous venons de parler, d'autres décrets proclamaient la suppression des ordres de chevalerie établis à la fin de l'ancien régime.

Les décrets du 30 juillet et du 19 septembre 1791 abolissaient l'ordre de Malte ; celui du 15 octobre suivant, l'ordre royal militaire de St-Louis.

On s'attaqua même aux archives où étaient entassés les vieux parchemins de la noblesse.

Par décret du 16 mai 1792, on ordonna de brûler les papiers et tous les titres généalogiques des ordres de chevalerie et de la noblesse. Ces papiers étaient déposés aux Augustins.

Le 24 juin, un autre décret décida que, dans chaque département, tous les documents nobiliaires devaient être anéantis. Ces lois furent exécutées surtout en Bretagne, avec une grande rigueur. Au mois d'août les arrêts de noblesse furent brûlés sur la place du Palais à Rennes.

Cependant quelques-uns échappèrent aux commissaires préposés à cette recherche.

A Paris, en un seul jour 600 volumes in-folio de titres de noblesse furent brûlés sur la place Vendôme.

Poursuivons la série des mesures révolutionnaires.

Le décret républicain du 1ᵉʳ août 1793 prescrivit la confiscation des maisons et propriétés quelconques portant des armoiries.

Les lois des 14 septembre 1793 et 18 vendémiaire an II supprimèrent les armoiries et signes de la royauté dans les églises et monuments publics. Donc la Révolution ne voulait plus rien voir ou entendre qui rappelât même le souvenir de la noblesse.

La Convention nationale appliqua à tout Français la qualification de citoyen.

Quant au nom, le ci-devant noble ne devait plus être désigné que sous le nom que portait sa famille avant d'être anoblie. Parfois ce nom avait été oublié ;

dans d'autres cas il suffisait de supprimer le titre.

De 1790 à 1806 le nom fut la seule désignation personnelle. Il reçut des lois, des garanties et des protections.

La loi du 6 fructidor an II défend d'ajouter aucun surnom à son nom propre à moins qu'il n'ait servi jusqu'ici à désigner les membres d'une même famille, sans rappeler les qualifications féodales ou nobiliaires.

Il était également interdit sous peine d'encourir un emprisonnement de six mois et une amende égale au quart du revenu « de porter de noms ni de prénoms autres que ceux exprimés dans l'acte de naissance ».

Quelques années plus tard parut un arrêté très important relatif aux noms. Ce fut la loi du 11 germinal an XI visant particulièrement les changements de noms. Le gouvernement seul pouvait les autoriser dans les formes prescrites par les règlements d'administration publique, et après que la demande soumise à la publicité pendant un an aurait permis aux oppositions de se produire. Les tribunaux restaient juges des questions de propriété de noms.

Cette loi importante dont l'influence allait se faire sentir jusqu'à nos jours, arrivait à son heure, car, depuis que la Révolution soufflait en tempête, de nombreux individus, par crainte d'être déclarés sus-

pects, modifiaient leurs noms au gré de leurs capri-
ces, souvent très ridicules.

Ainsi le nom de Leroy était prudemment échangé
contre celui de la Loi ou de Dix Août, le nom de
Leduc contre celui de Sans-Culottes. Un architecte
de Limoges qui s'appelait Château (beau nom pour
un architecte, mais qui eût pu paraître trop aristocratique), crut devoir s'appeler Chaumière (substan-
tif plus plébéien). Quant aux prénoms, la fantaisie à
leur sujet se donnait libre cours : ne voulant pas invoquer le patronage d'un saint, on préférait se parer
des prénoms suivants : Factieux, Liberté, Carotte,
Oxygène, Taupe, Nonidi Violette (1). Voilà où peuvent mener le fanatisme et l'esprit de parti.

Lorsque les lois de la Révolution proscrivirent les
qualifications nobiliaires, les familles s'empressèrent
par une crainte exagérée de supprimer la particule
qui unissait leurs titres à leurs noms. Cela n'était
pas nécessaire : ni le décret de juin 1790, ni la loi
du 6 fructidor an II ne prohibaient l'usage de la particule pour la raison très simple que, la particule
n'eut jamais sous l'ancien régime, au point de vue
légal, de caractère nobiliaire. Cependant l'opinion
contraire a été soutenue (V. Dalloz, 59.2.92).

L'anecdote suivante que nous trouvons dans le
Monde illustré du 30 juin 1866, confirme notre opi-

---

(1) Lire opuscule : *La Révolution et le Calendrier*, par André
Gairal. Lyon-Vitte.

nion que la particule, même sous la Révolution, ne fut pas considérée comme une marque de noblesse.

Martainville fut traduit en 1794 devant le tribunal révolutionnaire pour ses opinions royalistes. Lorsque le président Coffinal lui dit, selon la règle : « Approche, citoyen de Martainville », il protesta en ces termes :

« Mon nom est Martainville. Le citoyen président oublie qu'il est ici pour me raccourcir et non pour m'allonger. »

Le magistrat, piqué de cette réponse, termina le débat par cette réplique péremptoire : « Qu'on l'élargisse ! »

Les arrêtés des 18 fructidor an V et du 6 brumaire an VI défendirent de donner aux ambassadeurs, aux consuls, aux généraux en chefs d'autres qualités ou dénominations que celle de citoyen.

Nous pouvons donc dire que jusqu'en l'an XII, c'est-à-dire jusqu'à la fin du Consulat, le seul titre qui subsista en France et qui demeura le seul légal pour tous les Français fut celui de citoyen.

Mais on ne se contenta pas vis-à-vis de la noblesse de proscrire les titres, et de condamner à l'amende ceux qui oseraient s'en parer ; nous savons que l'on s'attaqua aux personnes et aux biens : quand les nobles ne périssaient pas sur l'échafaud, ils étaient contraints de se réfugier en exil, et tous leurs biens étaient confisqués.

Le Directoire fut très rigoureux à leur égard, comme le témoigne l'article 1er ainsi conçu du décret du 29 novembre 1797 :

« Les ci-devant nobles et anoblis, c'est-à-dire tous ceux qui avaient reçu la noblesse de leurs pères, ou qui l'avaient acquise transmissible héréditairement à leurs enfants, ne pourront exercer leurs droits de citoyens français dans les assemblées primaires communales et électorales, ni être nommés à aucune fonction publique, qu'après avoir rempli les conditions et les délais prescrits à l'égard des étrangers par l'article 10 de la Constitution. »

Ce décret exceptait les membres des Assemblées nationales, les membres du Directoire, les ministres, les militaires en activité de service, et tous ceux qui pouvaient prouver qu'ils avaient contribué à conquérir la liberté et à fonder la république.

Cet ostracisme dura deux ans jusqu'à la promulgation de la Constitution de l'an VIII (13 décembre 1799).

L'article 2 de cette constitution décidait « que tout homme né et résidant en France, est citoyen français ».

En même temps un avis du Conseil d'Etat du 25 décembre 1799 abrogeait explicitement la mort civile dont la noblesse avait été frappée.

De plus l'article 87 de l'acte constitutionnel du 22 frimaire an VIII, « attribuait des récompenses nationales aux guerriers qui auront rendu des services éclatants en combattant pour la République ».

En lisant ce dernier article, on peut déjà prévoir le rétablissement des distinctions honorifiques. D'ailleurs la Révolution a dépassé le but, et les excès mêmes auxquels elle s'est livrée vont amener une réaction. Elle avait eu raison de proclamer l'égalité des citoyens devant la loi et devant l'impôt, d'abolir les privilèges réels, mais elle avait fait fausse route quand elle avait entrepris d'effacer toutes les traces et tous les monuments qui rappelaient des services rendus à la patrie, et des généreuses actions accomplies jadis.

Les distinctions purement honorifiques sont seules capables de récompenser le vrai mérite et la vertu : elles sont d'un ordre plus élevé que les récompenses pécuniaires : elles ont un fondement dans la nature humaine et sont un principe de vie : aussi les retrouve-t-on sous une forme ou sous une autre, dans tous les temps, chez tous les peuples policés.

En conséquence nous allons assister, à l'aurore du XIX⁰ siècle, lorsque s'établit chez nous un nouvel ordre de choses, à un mouvement très curieux : la création d'une nouvelle noblesse, et la recherche de plus en plus ardente de marques et de distinctions sociales, alors que partout on prétendait avoir étendu le niveau égalitaire le plus absolu.

CHAPITRE III

LES TITRES ET AUTRES SIGNES NOBILIAIRES DANS LE
DROIT MODERNE.

**SECTION I. — Législation sur les titres de noblesse depuis
leur rétablissement sous le premier Empire jusqu'à la loi
de 1858.**

§ 1er. — La noblesse impériale.

L'année 1804 avait amené en France de grands
changements. Le premier consul Bonaparte, qui
avait montré non seulement les qualités d'un illustre
général, mais aussi tous les dons d'un organisateur
et d'un homme d'Etat, venait de doter notre pays
d'une constitution nouvelle; aux désordres de la
Révolution, il voulait faire succéder un gouvernement fort, savamment hiérarchisé.

L'empire était établi, et Napoléon roulait dans
son esprit de vastes desseins pour entourer son jeune
trône de prestige et d'éclat.

En cherchant dans les institutions du passé qui
avaient sombré dans la tourmente de 1789, il en
trouva une qui lui parut remplir merveilleusement
son but, et c'est alors qu'il réunit tous ses efforts

pour ressusciter au profit de sa dynastie cette institution plusieurs fois séculaire, la noblesse.

La chose n'était pas facile : beaucoup de préjugés troublaient encore les intelligences, et l'empereur comprit qu'il fallait tout d'abord préparer le terrain, ce pour quoi il était nécessaire de procéder lentement. Ensuite cette noblesse qu'il voulait faire revivre, devait avoir un caractère tout autre que jadis, s'adapter aux idées et aux circonstances, et sans violer l'égalité des droits, devenir une récompense nationale.

Tout cela était très sage et parfaitement combiné ; déjà avant 1804, certaines mesures prises préludaient à l'organisation rêvée.

Le 4 décembre 1802, on établissait des sénatoreries, sorte de dotations nobiliaires.

En 1801, la Légion d'honneur était créée pour reconnaître les actions héroïques accomplies dans l'armée et obtenait grande faveur.

Dans le sénatus-consulte du 18 mai 1804, qui organisait l'Empire, le titre de prince reparaissait : on l'attribuait aux membres de la famille impériale et on instituait les grands dignitaires de l'Empire.

Napoléon désirait s'assurer le dévouement et la fidélité de ceux qui l'entouraient. Aussi il attribua des titres à ses lieutenants. Ce fut en Italie qu'il constitua ses nouveaux fiefs de dignité sur lesquels il asseyait les titres. En conférant le royaume de

Naples à son frère Joseph, il érigea six fiefs de l'Empire. Dans les anciens Etats de Venise cédés par le traité de Presbourg le 26 décembre 1805 il en réserva douze.

Ces grands fiefs eurent le titre de duchés et furent créés par la déclaration du 30 mars 1806.

Napoléon se réservait de les attribuer pour prix de leurs services à plusieurs de ses maréchaux et de ses ministres. Il en donnait l'investiture avec transmission héréditaire par ordre de progéniture, et affectait aux titulaires le 1/15 de leur revenu.

Dans le sénatus-consulte du 14 août 1806, relatif à l'échange ou à l'aliénation des duchés relevant de l'Empire français, l'article 5 était ainsi conçu : « Quand Sa Majesté le jugera convenable, soit pour récompenser de grands services, soit pour exciter une utile émulation, soit pour concourir à l'éclat du trône, elle pourra autoriser un chef de famille à substituer ses biens libres pour en former la dotation d'un titre héréditaire, c'est-à-dire constituer un majorat. »

Après ces décrets pour ainsi dire préparatoires, Napoléon chercha à réaliser complètement ses idées de création d'une noblesse héréditaire. Des mémoires lui avaient été adressés à ce sujet par des personnes qui l'entouraient : nous citerons M. Jouin de Saint-Charles, Emile Gaudin, maire d'Ivoy-le-Pré (Cher) ; M. de Levis en août 1806.

Cambacérès, archichancelier fit un rapport où il proposait l'institution d'une noblesse qui serait dotée de certaines prérogatives et qui aurait une part dans la puissance publique. L'Empereur étudia longuement par lui-même la question, et le 1er mars 1808 parurent deux décrets l'un sur les titres, l'autre sur les majorats. La noblesse impériale était créée.

Il importe de citer les dispositions principales de ces deux importants décrets : nous connaîtrons ainsi l'organisation nouvelle :

Les titulaires des grandes dignités de l'Empire portaient le titre de prince et d'altesse sérénissime et leurs fils aînés avaient de droit le titre de duc de l'Empire, à condition qu'un majorat produisant 200.000 francs de revenu fût institué en leur faveur.

Ce titre et ce majorat étaient transmissibles à leur descendance directe et légitime, naturelle ou adoptive, de mâle en mâle et par ordre de primogéniture.

Les grands dignitaires pouvaient en outre instituer pour leur fils aîné ou puîné, des majorats auxquels étaient attachés des titres de comte et de baron.

Les ministres, les sénateurs, les conseillers d'Etat à vie, le président du corps législatif, les archevêques devaient, durant leur vie, porter le titre de comte. Ce titre devenait transmissible à la descendance, et pour les archevêques à celui de leurs neveux qu'ils auraient choisi, si les titulaires justifiaient d'un revenu de 30.000 francs en biens propres à fonder un majorat. Les titulaires pouvaient aussi instituer, en faveur de leur fils aîné ou puîné, un majorat auquel serait attaché le titre de baron.

Les présidents des collèges électoraux (après avoir présidé un collège électoral pendant 3 sessions), les premiers présidents et les procureurs généraux de la Cour de cassation, de la Cour des comptes et des Cours d'appel, les maires des 37 bonnes villes de France après dix ans d'exercice, devaient porter pendant leur vie le titre de baron, à condition de justifier d'un revenu de 15.000 francs dont un tiers serait affecté à la dotation du titre et passerait avec lui à tous ceux qui se succéderaient dans le titre.

Les membres de la Légion d'honneur, et ceux qui à l'avenir obtiendraient cette distinction, porteraient le titre de chevalier qui serait transmissible à la descendance directe et légitime, naturelle ou adoptive, de mâle en mâle, par ordre de primogéniture, nonobstant des lettres patentes qui seraient accordées par l'archichancelier, si l'on pouvait justifier d'un revenu net de 3.000 francs au moins.

L'Empereur se réservait de concéder les titres qu'il jugerait convenable aux généraux, préfets, officiers civils et militaires qui se seraient signalés par des services rendus à l'Etat.

L'article 15 du décret défendait de s'arroger des

titres et qualifications qui n'auraient pas été conférés par le chef de l'Etat.

Les titres impériaux étaient tous essentiellement personnels et ils s'éteignaient avec le titulaire, si ce dernier n'avait pas reçu de dotation ou n'avait pas constitué lui-même un majorat.

On distinguait deux classes de majorats : les majorats de propre mouvement et les majorats sur demande. Ils furent organisés par décret du 31 mars 1808 (1).

Très peu de légionnaires ont établi ce majorat qui assurait la transmissibilité du titre de chevalier.

Le 11 mars 1808, Cambacérès prononça un important discours sur le but et l'organisation des titres impériaux.

Quel fut le caractère de cette nouvelle noblesse ? D'abord tout y était nettement défini. Il y avait une hiérarchie parfaitement établie. Les qualifications étaient empruntées au vocabulaire féodal. Cependant deux titres de l'ancien régime n'y figuraient plus, celui de marquis trop déconsidéré au XVIII° siècle et celui de vicomte.

L'ordre des titres, en commençant par les plus importants était le suivant : prince, duc, comte, baron et chevalier. Il n'y avait plus de noblesse sim-

(1) Majorats de propre mouvement, auxquels était affectée par l'Empereur une dotation en immeubles ou en rentes sur l'Etat ou en actions de canaux. Majorats créés sur demande et constitués en biens fonds appartenant au fondateur.

ple : tout noble était titré. Cette noblesse était en
principe personnelle ; elle constituait la récompense
de services importants rendus à la chose publique.
On revenait presque à la conception des débuts de la
Monarchie : ce n'était plus la terre qui anoblissait,
mais la fonction. C'était une récompense de la
même nature que la Légion d'honneur, destinée à
unir plus étroitement au trône impérial ceux auxquels on la conférait. Il fallait toujours prêter ser-
ment de fidélité à l'Empereur.

Mais pour conserver sa supériorité, la nouvelle
noblesse devait pouvoir soutenir son éclat à l'aide
d'une fortune suffisante : la constitution d'un majorat lui permettait d'occuper son rang. L'hérédité du
titre était alors établie sous la condition de cette
institution d'un majorat.

La noblesse impériale ne conférait aucun privilège réel, plus d'exemption d'impôts, plus de droit
de préséance.

Pendant ce temps que devenait l'ancienne noblesse?
Quand les émigrés eurent été autorisés à revenir en
France sous certaines conditions, les titres nobiliaires reparurent timidement dans la vie privée. Napoléon ne leur permit pas de les afficher publiquement.
Cependant il s'aperçut qu'à côté de la noblesse qu'il
venait de créer, subsistait l'ancienne, reléguée sans
doute dans un étroit cercle d'amis, mais formant un
courant contraire à son plan d'unification. Il vou-

lut les fusionner ensemble, et se montra disposé à accorder des distinctions aux anciens nobles. Plusieurs sollicitèrent des titres de l'Empereur et les obtinrent.

Mais il tenait absolument à ce que les membres de la vieille noblesse reçussent des titres nouveaux, émanant de lui seul, et qu'ils portassent les nouvelles armoiries conférées également par lui seul.

Les émigrés et ceux qui demeuraient attachés à la dynastie des Bourbons étaient exclus de toute faveur. Donc, sous le premier Empire, en dehors des titres concédés par Napoléon, il n'en existait pas de valables. Les anciens nobles n'avaient pas le droit de porter ceux qu'ils avaient reçus des rois.

Quant aux nouveaux titres, ils étaient personnels, et le fils d'un anobli ne pouvait prendre la qualification de son père si celui-ci n'avait pas érigé en sa faveur un majorat.

Napoléon créa 9 titres de princes, 32 ducs (Cambacérès, duc de Parme, Lebrun, duc de Plaisance), 388 comtes, 1090 barons. Total : 1519 anoblissements, auxquels on peut ajouter les chevaliers de l'Empire qui, en justifiant de 3.000 livres de revenu, pouvaient rendre leur titre héréditaire.

Ceux qui obtenaient des concessions de l'Empereur devaient verser une certaine somme, variable d'après l'importance du titre et comprenant un droit de sceau, d'enregistrement, d'expédition et autres frais matériels.

Pour le titre de duc, le coût s'élevait à 900 francs, pour celui de comte à près de 600 francs, pour celui de baron à 300 francs.

Tout fut étroitement réglementé par le pouvoir, jusqu'à la composition des armoiries et des livrées. Un décret du 3 mars 1810 compléta ceux de 1808 et décida : « que les ducs auraient seuls le droit de faire placer leurs armoiries sur la façade de leur hôtel. Le fils aîné du titulaire d'un majorat était autorisé à prendre le titre immédiatement inférieur à celui porté par son père, les autres fils ne pourraient prendre que le titre de chevalier. Les noms, armes et livrées étaient communs à tous les enfants indistinctement, sauf qu'ils devaient en retrancher le signe distinctif du titre, comme le chef des ducs, le franc quartier des comtes, etc. »

La législation impériale fit du blason une sorte de lexicon, indiquant le rang et la dignité des familles. Le franc quartier fut inévitablement imposé, marque du sceau du maître.

Voilà une organisation complète, et à la place de l'incertain et de l'arbitraire qui régnait en matière de noblesse, sous l'ancien régime, nous nous trouvons en présence d'un ordre bien déterminé et de principes nettement posés.

Quand la noblesse nouvelle fut créée, on songea à en prévenir l'usurpation. Sans cela les abus se seraient rapidement introduits, et le prestige aurait disparu.

Le Code pénal publié en 1810 prévoyait l'infraction dont nous nous occupons. Un rapport fut présenté au nom de la Commission de législation par M. Noailles dans la séance du 16 février 1810, au Corps législatif.

Nous lisons dans ce rapport sur le livre III, titre Ier, chapitre 3 du Code des délits et des peines :

« Tous les délits troublent la chose publique : mais ils peuvent être divisés en deux classes : les uns en attaquant directement le corps social dans son ensemble, retombent ensuite sur chacun de ses membres en particulier ; les autres, en attaquant d'abord les individus, rejaillissent ensuite sur le corps social tout entier ; les délits d'usurpation rentrent dans la première catégorie.

« C'est à la société tout entière que s'adressent ceux qui osent les commettre : leurs atteintes sont plus criminelles, parce qu'elles sont plus générales et plus dangereuses parce qu'elles sont dirigées de la manière qui peut le mieux les faire échapper à la surveillance de chacun. D'où la loi doit redoubler de sévérité (1). »

L'exposé des motifs du même livre fut présenté au Corps législatif, par M. Berlier, conseiller d'Etat, dans la séance du 6 février 1810 (2).

(1) Voir rapports, p. 79 et suiv., édition officielle du Corps législatif.

(2) Voir motifs, p. 60 et suiv., édition officielle du Corps législatif.

Le Code pénal de 1810 réprima d'une façon fort rigoureuse le délit d'usurpation de titres de noblesse.

La disposition de l'article 259 était ainsi conçue : « Toute personne qui aura publiquement porté un costume, un uniforme ou une décoration qui ne lui appartiendrait pas, ou qui se sera attribué des titres impériaux qui ne lui auraient pas été légalement conférés, sera punie d'un emprisonnement de 6 mois à 2 ans. »

Jamais la peine n'avait été aussi sévère pour le même fait dans l'Ancien droit. Les rois se contentaient d'infliger au coupable une amende.

L'article 259 devait être appliqué, selon Carnot, au français qui aurait obtenu d'un prince étranger le titre de comte, de marquis, de duc ou tout autre et qui s'en serait publiquement qualifié en France, sans avoir préalablement obtenu l'autorisation du gouvernement français.

Mais un étranger ne serait pas passible de l'article 259 pour s'être décoré, en France, de titres non autorisés par son souverain.

En ce qui concerne la constatation du délit, il semble que les principes ordinaires ont été suivis. L'usurpation écrite seule était poursuivie, car seule on pouvait la saisir facilement (1).

____

(1) L'article 259 du Code pénal n'enlevait pas toute portée pratique à la loi de 1791 qui avait aboli les titres : celle-ci visait tou-

Pour s'occuper des questions d'anoblissement, Napoléon institua le Conseil du sceau des titres.

La législation impériale sur la noblesse et les titres parait donc très simple et très précise. Elle formait un des rouages du grand organisme créé par le génie puissant de Napoléon, et qui, comme tout le reste devait concourir au mouvement général.

Remarquons de nouveau que la pénalité infligée aux usurpateurs de titres nous semble exagérée dans bien des cas, un tel délit méritant plutôt les railleries de l'opinion publique que la prison.

Aussi en y réfléchissant, nous vient à la pensée ce mot si profond de Montesquieu dans l'*Esprit des lois* : « Lorsque la peine est sans mesure, on est souvent obligé de lui préférer l'impunité (1). »

§ 2. — De la Restauration à la loi de 1858.

Napoléon Ier, ayant succombé sous la coalition de l'Europe, partit pour l'exil et le trône des Bourbons fut restauré en France. Le roi Louis XVIII, dans la Charte octroyée le 4 juin 1814 inséra l'article 71 ainsi conçu :

« La noblesse ancienne reprend ses titres, la nouvelle conserve les siens. Le roi fait des nobles à volonté, mais il ne leur accorde que des rangs et des

jours le fait de se parer des titres de marquis ou vicomte que l'Empire n'avait pas empruntés à l'ancien régime.

(1) Liv. 6, ch. 13.

honneurs, sans aucune exemption des charges et des devoirs de la société. »

Désormais donc les anciens nobles purent sans crainte reprendre leurs titres. Cela se comprenait parfaitement, car le roi désirait récompenser ainsi les gentilshommes qui lui étaient demeurés fidèles. Mais en même temps il reconnut les nobles d'origine impériale, ainsi que l'institution de la Légion d'honneur.

Il voulut absorber ceux-ci dans les rangs de l'ancienne noblesse. Ce fut le but de l'Ordonnance du 15 juillet 1814.

La vieille noblesse garda son dédain pour l'autre. Plusieurs de ceux qui avaient sollicité des titres de Napoléon, se hâtèrent de reprendre leur nom de famille et leur qualification nobiliaire, car le gouvernement affectait de les préférer. De plus les deux noblesses, à côté de ressemblances forcées, avaient des caractères très différents : l'une était la création d'un homme, l'autre le produit du temps ; l'une avait une constitution arrêtée et systématique sans tradition, l'autre avait des traditions sans constitution régulière. Toute la noblesse créée par l'Empire était titrée, au contraire la majorité de la noblesse ancienne ne l'était pas. Aujourd'hui, d'ailleurs, la noblesse simple serait un non-sens, parce qu'elle n'aurait plus rien pouvant la distinguer.

Aussi la confusion fut-elle grande sous la Res-

tauration. Nous devons dire que, durant les Cent
Jours, lorsque Napoléon revenant de l'île d'Elbe, res-
saisit le pouvoir quelques mois, l'ancienne noblesse
fut de nouveau abolie par un décret daté de Lyon
le 13 mars 1815.

Voici ce décret très court :

« Art. 1er. — La noblesse est abolie et les lois de
l'Assemblée Constituante seront remises en vigueur.

Art. 2. — Les titres féodaux sont supprimés : les
lois de nos Assemblées nationales seront mises en
vigueur. »

Les titres impériaux seuls demeurèrent maintenus. Ce décret eut la durée de la puissance éphémère
de Napoléon, et ne survécut pas à Waterloo. La
Charte fut remise en vigueur et les titres de noblesse
furent soumis de nouveau au régime législatif que
nous avons exposé plus haut.

La noblesse impériale sut promptement conquérir
sa place à côté de l'autre. Des alliances furent con-
tractées entre les familles nobles anciennes et nouvelles. Une Chambre de pairs fut créée où se rencon-
trèrent les membres de l'une et de l'autre noblesse.

La fusion fut consacrée par l'ordonnance royale
du 25 août 1817 réglant les conditions d'hérédité de
la pairie : « La dignité de pair de France n'est héréditaire au profit du fils aîné ou de celui qui en tient
lieu, qu'autant que les titulaires auront créé des
majorats. Le fils aîné a le droit de prendre du vivant

du père le titre immédiatement inférieur au sien. Le fils d'un duc et pair portera de droit le titre de marquis, celui d'un marquis et pair le titre de comte, celui d'un comte et pair, le titre de vicomte, celui d'un vicomte et pair, le titre de baron, celui d'un baron et pair le titre de chevalier. Les fils puînés de tous les pairs porteront de droit le titre immédiatement inférieur à celui que portera leur frère aîné. Le tout sans préjudice des titres personnels que les dits fils de pairs pourraient tenir de notre grâce et dont ils seraient actuellement en possession, en exécution de l'article 71 de la Charte. »

Cette ordonnance était spéciale à la pairie, et ce fut à tort qu'on prétendit l'appliquer à tous les nobles, et qu'on voulut y voir une hiérarchie générale des titres.

Le gouvernement de la Restauration conféra un certain nombre d'anoblissements. Ceux qui s'illustraient dans la politique, l'administration, la science, l'armée reçurent un titre : les hommes les plus distingués de l'époque sortaient en effet des classes bourgeoises et moyennes.

Il fut créé de 1815 à 1830, 17 ducs, 70 marquis, 83 comtes, 62 vicomtes, 215 barons ; de plus on donna 785 lettres de simple noblesse. En tout 1232 anoblissements.

Le chiffre des droits à verser au Trésor pour anoblissement fut beaucoup plus élevé que sous l'Empire.

Titre de duc, coût total : plus de 18.000 francs.
Titre de marquis et comte . . . . . 7.000   —
Vicomte . . . . 5.000   —
Baron . . . . près de 4.000   —

Pour posséder un petit morceau de blason ou d'armoirie : 120 francs.

Donc tous les anoblis et titrés de ce siècle ont chèrement acheté les honneurs qu'ils ambitionnaient.

Louis XVIII et Charles X prodiguèrent les anoblissements et il y eut des erreurs singulières et parfois comiques.

Une ordonnance du 10 février 1824 décida que « pour qu'un titre quelconque devînt héréditaire, il fallait que la concession fût suivie de la fondation d'un majorat ».

Mentionnons encore un très intéressant cas de noblesse héréditaire provenant de la Légion d'honneur. Une ordonnance des 8-14 octobre 1814 (art. 2) reprit une pensée de Napoléon Ier et confirma le système d'accession à la noblesse par la voie de la Légion d'honneur.

« Lorsque l'aïeul, le fils et le petit-fils auront été successivement membres de la Légion d'honneur, rempliront d'ailleurs certaines conditions de fortune et auront obtenu des lettres de chancellerie, le petit-fils sera noble de droit, et transmettra sa noblesse à toute sa descendance. Il transmettra aussi son titre de chevalier. »

Par cette ordonnance, le roi prétendait attacher à la Légion d'honneur un mode d'hérédité plus conforme aux anciennes lois et usages qui régissaient la noblesse du royaume et déjà établi pour l'ordre de Saint-Louis.

L'ordonnance de 1814 subsiste toujours. Par son application, il y a aujourd'hui en France un tout petit nombre de chevaliers héréditaires. La dernière application a été faite sous la troisième République.

Durant la Restauration, en dehors des nombreux anoblissements, il y eut de fréquentes usurpations de titres.

L'article 71 de la Charte de 1814 apporta une confusion irrémédiable entre les titres de noblesse. Pendant l'émigration beaucoup de substitutions et d'usurpations de titres se produisirent dans l'ancienne noblesse. M. Alfred Maury cite, dans un très curieux article de la *Revue des Deux-Mondes* (année 1882), le fait suivant :

Le valet de chambre d'une demoiselle noble morte en émigration prit, à son retour en France, le nom de sa maîtresse, en simula le sexe et obtint ainsi une pension et un logement au Palais de Versailles. Il abusa jusqu'à la fin le gouvernement et le public qui ne découvrirent la fraude qu'à sa mort.

De plus les usurpations étaient faciles pourvu qu'on se mit en règle avec le fisc et que l'on versât les droits énumérés plus haut.

Et cependant l'article 259 du Code pénal était toujours en vigueur, réprimant le port de costume et de décoration, ainsi que l'usurpation de titres.

On s'était seulement contenté de substituer (en 1816) le mot titres *royaux* au mot titres *impériaux*.

Pour la vérification des preuves fournies par ceux qui portaient des titres, Louis XVIII avait bien créé la commission du sceau, remplaçant le conseil du sceau de Napoléon. Mais la principale occupation de cette commission consistait à contrôler l'acquittement des droits pécuniaires dus par les nouveaux anoblis ou les gentilshommes qui reprenaient leurs titres.

Remarquons que, sous le premier Empire, tous les titres nobiliaires étant parfaitement déterminés, quant à leur délivrance et quant à leur hiérarchie ; l'application de l'article 259 du Code pénal était chose facile, mais depuis que le régime nouveau avait rétabli tous les titres disparus, et fait appel aux usages anciens de la Monarchie, usages si changeants et si obscurs, il devenait très malaisé de se reconnaître au milieu de ce labyrinthe et de rechercher efficacement les usurpations.

D'autres événements contribuèrent encore à jeter la confusion en matière nobiliaire, et à favoriser les usurpations de titres. La Révolution de juillet 1830 amena la chute de la branche aînée des

Bourbons et éleva au trône un membre de la famille d'Orléans, Louis-Philippe.

Ce fut un coup mortel pour l'ancienne noblesse, car le nouveau roi, imbu des principes de 1789, avait été porté au pouvoir par la bourgeoisie et se préparait à consacrer définitivement son triomphe sur l'aristocratie.

Cependant la Charte de 1830 regardait la noblesse comme une institution de l'Etat, et, ainsi que la charte de 1814, elle assurait à tous les titres le même respect (art. 62).

Dès l'année 1831, une campagne fut menée dans les Chambres, demandant la modification de l'article 259 du Code pénal, et la suppression des dispositions relatives aux usurpations de titres.

A la Chambre des députés l'amendement fut voté dans la séance du 7 décembre 1831 sur la proposition de M. Bavoux, lors de la révision des lois criminelles. Il fut adopté à la presque totalité de l'Assemblée : deux ou trois membres seulement s'élevèrent contre lui. A la Chambre des Pairs, la chose ne fut pas aussi facile.

Voici un extrait du rapport de M. le comte de Bastard, que nous citons d'après le *Moniteur* du 13 mars 1832 : « La Chambre des députés a fait le retranchement qui aurait dû avoir lieu dans l'édition officielle de 1816. En effet, l'article 259 qui ne protégeait dans sa sanction pénale que les titres conférés par

un décret impérial ou une ordonnance du roi, n'était
plus en harmonie avec l'article 71 de la Charte de
1814, devenu l'article 62 de la charte de 1830 lesquels, en même temps qu'ils conservent à la noblesse
nouvelle ses titres, permettent à l'ancienne de reprendre les siens. Or il n'est personne qui ne sache
que les titres conférés par ordonnance royale étaient
autrefois les plus rares de tous, et que presque tous
ceux de l'ancienne noblesse reposaient sur une prescription immémoriale qui avait fait de l'usage non
contesté un droit, et sur la possession d'aucuns fiefs
héréditaires titrés par concession du souverain ou
antérieurement à toute concession, et qui conféraient
aux personnes nobles et à leur famille, le droit de
porter le titre qui y était annexé. Sans donc examiner si une disposition pénale qui mettrait la loi
plus en harmonie avec l'article 62 de la Charte de
1830, ne serait pas utile, votre commission vous
propose d'adhérer à la suppression qui fait disparaître la contradiction qui existait entre le Code pénal
et la loi fondamentale du pays. »

Le motif invoqué était donc le désir de donner
aux titres qui reposaient sur la possession la même
valeur qu'à ceux qui s'appuyaient sur des lettres
patentes de concession.

Sans doute, l'article 259 publié en 1810 ne pouvait pas renfermer une pénalité applicable aux usurpations de titres anciens, puisque ces titres n'avaient

été rétabli que par la Charte de 1814. Mais puisque cette charte avait assimilé l'ancienne et la nouvelle noblesse, la justice et le bon sens commandaient en 1832 d'appliquer la même peine à tous les usurpateurs de titres, sans distinction d'origine.

Une telle raison ne nous satisfait pas, et il nous semble que la solution se trouvait dans une modification tout autre de l'article 259 ; on eût pu par exemple employer, à la place de titres royaux, un terme plus large, englobant toutes les usurpations de titres nobiliaires, et en même temps abaisser la peine prévue par le Code de 1810 et la mettre plus en rapport avec la nature du délit poursuivi.

Quoi qu'il en soit constatons le fait accompli c'est-à-dire la pleine liberté laissée à l'usurpation de titres, et celle-ci se produisant à partir de cette époque avec une audace toujours croissante. Un simple amendement avait amené ce résultat.

La loi fut promulguée le 17 avril 1832.

Deux autres mesures prises par le Gouvernement de Juillet contribuèrent encore à abaisser la noblesse.

L'une fut l'abolition de l'hérédité de la pairie, l'autre la loi du 12 mai 1835 qui interdit toute création de majorats pour l'avenir et qui, sans supprimer ceux institués précédemment, limita leur transmission à deux degrés, non compris le fondateur.

Alors la confusion en matière nobiliaire devint

très grande. Sans doute la noblesse ne formait plus
un corps politique, mais elle était devenue une institution purement honorifique se manifestant sous la
forme de titres, et destinée à récompenser les services rendus à l'Etat. Or pour ces titres, toute protection et toute réglementation était supprimée. Aussi
la fantaisie et l'ambition des individus se donnèrent-
elles libre cours ? Les usurpations revêtirent des formes très diverses : tous ceux dont le père ou l'aïeul
avait reçu de l'Empire un titre nobiliaire, le prirent
sans avoir satisfait aux conditions imposées pour sa
transmission héréditaire. Là, il nous faut établir une
distinction : si le premier titulaire est décédé avant
la promulgation de la loi de 1835, sans avoir institué de majorat, la condition est défaillie par sa faute,
par conséquent il n'a pu transmettre son titre ; et le
descendant qui s'en pare malgré cela commet une
usurpation. Au contraire s'il est décédé après avoir
institué un majorat, ou sans en avoir institué, mais
postérieurement à la loi de 1835, on peut dire dans
le premier cas qu'il a accompli la condition exigée ;
dans le second qu'il en avait l'intention, mais qu'une
force majeure, la loi nouvelle, l'en a empêché. Alors
la transmission de son titre s'opérera à ses enfants.
Pour motiver une telle décision, nous nous appuyons
sur l'article 900 du Code civil, qui décide que, dans
un acte de libéralité, « les conditions impossibles,
ou celles contraires aux lois et aux mœurs, sont
réputées non écrites ».

Il n'y eut, sous Louis-Philippe aucun contrôle sur le port des titres. Dans certaines familles tous les fils prenaient la qualification nobiliaire de leur père et de son vivant.

Bien des gens dont l'origine était absolument plébéienne, voulant frayer avec la vieille noblesse qui ne faisait aucune difficulté, se décoraient de titres de contrebande, ou bien ajoutaient à leur nom la particule *de*, *du* ou *des*, que le vulgaire regardait comme une marque de noblesse et qualifiait de particule nobiliaire.

A part les titres de prince et de duc que l'on osait rarement usurper et qui gardaient leur éclat, tous les autres couraient les rues.

Certains ambitieux allaient même en acheter à l'étranger et les portaient en France, sans avoir rempli la moindre formalité vis-à-vis du sceau.

C'était l'anarchie complète : il n'y avait plus de généalogistes officiels. Des généalogistes improvisés spéculaient sur la vanité des gens, on avait en même temps supprimé la commission du sceau dont le travail avait été confié à un bureau du ministère de la Justice. Les référendaires examinaient les demandes de collation et de rétablissement de titres, car Louis-Philippe fort sobre en matière d'anoblissement en conféra cependant quelques-uns.

En dehors du titre de duc, donné au maréchal Bugeaud après la victoire d'Isly et à M. Pasquier, chancelier de France, il en distribua un tout petit nombre.

Néanmoins, à la chute de la Monarchie, en présence de tous les abus qui s'étaient produits, le Gouvernement provisoire de 1848 par le décret du 29 février, abolit tous les titres de noblesse.

Dans la constitution républicaine du 4 novembre suivant, l'*article 10* prononça l'abolition à toujours de tous titres nobiliaires, de toute distinction de naissance, classe ou caste.

Un peu plus tard, le 11 mars 1849, une loi complétant celle de 1835 supprimait toute espèce de majorats fondés en biens particuliers aux mains de ceux qui les possédaient au 2° degré successif, non compris le fondateur, et disposait qu'à l'avenir la transmission limitée par les lois précédentes au 2° degré, ne pourrait être invoquée qu'en faveur de l'héritier né ou conçu lors de la promulgation de la présente loi.

La seconde République, comme la première, se basant sur le principe d'égalité absolue effaçait toutes les distinctions sociales; mais elle se différenciait de son aînée en ce qu'elle n'établissait aucune pénalité contre ceux qui porteraient un titre aboli : d'ailleurs ses dispositions furent peu de temps en vigueur.

Un décret du président de la République du 24 janvier 1852 abrogea le décret d'abolition de la noblesse du 29 février 1848.

On en était revenu, au début du second Empire, en matière nobiliaire, au régime du Gouvernement de Juillet. Les titres étaient reconnus en fait et en droit par la Constitution. Mais tout le monde pouvait s'en parer indûment, et l'article 259 du Code pénal demeurait toujours abrogé quant à la répression de l'usurpation des titres.

Napoléon III voulait faire cesser un état de choses aussi anormal : mais il devait user d'une grande prudence pour ne pas froisser le sentiment public qui craignait toujours le rétablissement d'une noblesse puissante.

Comment la question va-t-elle être résolue ?

Après des hésitations et des projets divers, la loi du 28 mai 1858 est votée. Elle apporte des modifications à l'article 259 du Code pénal et constitue la base de la législation actuelle sur les titres.

Nous étudierons l'historique et les dispositions de cette loi et exposerons ensuite l'ensemble de la législation actuelle sur l'usurpation des titres nobiliaires.

SECTION II. — **La loi du 28 mai 1858.** — **Le droit actuel.**

§ 1ᵉʳ. — **Historique de la loi du 28 mai 1858.**

Nous lisons dans le *Progrès* du Pas-de-Calais du 23 décembre 1844 les lignes suivantes, sous la si-

gnature du prince Louis Napoléon, alors en exil :
« Combien de temps les hommes courront-ils après
le reflet d'une chose qui a disparu ? Il n'y a plus
depuis 89, de principautés, de duchés, de comtés,
de marquisats, de baronnies, et cependant nous avons
encore des princes, des ducs, des comtes, des marquis
et des barons.

« Il y a quelques centaines d'années, les titres nobiliaires indiquaient une véritable puissance, et de
véritables grades. Les nobles avaient des privilèges
et aussi des charges. Il n'y avait pas seulement de
la puissance, il y avait aussi de la gloire derrière
leurs créneaux. Peu à peu le pouvoir royal centra-
lisa dans ses mains toutes ces souverainetés éparses.
La noblesse se corrompit : au lieu de conserver son
ancienne devise : Noblesse oblige, elle eut l'air de
dire : Noblesse exempte, et dès lors commença sa
décadence. La forme monarchique survécut, mais
l'armée nobiliaire fut licenciée, détruite, et cependant le souverain s'est encore conservé le droit
inoffensif de donner des grades, dans cette armée
imaginaire. Il est aussi illogique de créer des ducs
sans duchés, que de nommer des colonels sans régi-
ments. Car si la noblesse avec privilège est opposée
à nos idées, sans privilèges, elle devient ridicule.
Aujourd'hui les titres ne représentent plus rien. »

Nous avons tenu à faire cette citation pour montrer combien les actes de Napoléon furent en opposi-

tion avec ses écrits. En effet, à peine en possession
du pouvoir, il s'empressa de rétablir les titres nobiliaires que la Révolution de 1848 avait proscrits, et
que lui semblait regarder comme des objets sans
valeur, n'ayant plus aucune signification. Non seulement l'Empereur fit revivre les titres octroyés
sous les gouvernements antérieurs, mais il conféra
lui-même un certain nombre de titres. Il créa douze
ducs (dont le maréchal Pélissier, nommé duc de Ma-
lakoff), 19 comtes et vicomtes, 21 barons, sans
compter les nombreuses collations qui n'ont pas été
rendues publiques.

Nous verrons qu'il ne s'arrêtera pas là ; il ne se
contentera pas du régime de tolérance inauguré en
1832, et qui ne punissait pas l'usurpation, mais il
remettra en vigueur contre elle des pénalités assez
élevées.

Dans la séance du Sénat du 28 février 1855, un
rapport fut présenté par M. le président Delangle
sur une pétition tendant à rétablir dans son texte
primitif (celui de 1810) l'article 259 du Code pénal
afin de prévenir l'usurpation de titres. Après une
discussion à laquelle prirent part plusieurs membres
de l'Assemblée, le Sénat, conformément aux conclusions de sa Commission, prononça le renvoi de cette
pétition au ministre d'Etat et au ministre de la justice.

Le Gouvernement impérial se décida à agir dans

le courant de l'année 1858 : un projet de loi, modifiant l'article 259 fut présenté aux Chambres, le 19 mars 1858. Dans ce projet de loi, rien n'était changé quant à la pénalité applicable au port illégal de costume ou de décoration ; on rétablissait la rédaction de 1810, visant l'usurpation des titres de noblesse. Mais alors que pour ce fait, la peine de l'emprisonnement était jadis seule prononcée, on y ajoutait des peines pécuniaires qui souvent seraient suffisantes et qui même, dans beaucoup d'occasions, constitueraient le châtiment le mieux approprié à la nature et aux circonstances du délit. De plus on assurait la publicité des condamnations par des insertions dans les journaux (1).

Dans l'exposé des motifs de ce projet, on soutenait que les titres purement honorifiques, signes et récompenses du talent, du courage et des services rendus à l'Etat ne contrariaient pas le principe d'égalité proclamé en 1789.

(1) Voici d'ailleurs le texte du projet du Gouvernement ;

« Toute personne qui aura publiquement porté un costume, un uniforme ou une décoration qui ne lui appartiendrait pas, ou qui se sera attribué sans droit un titre de noblesse, sera puni d'un emprisonnement de 6 mois à 2 ans et d'une amende de 500 francs à 5.000 francs.

Le tribunal pourra ordonner l'insertion intégrale ou par extrait du jugement dans les journaux qu'il désignera, aux frais du condamné. »

Les conseillers d'Etat, commissaires du Gouvernement, chargés de soutenir la discussion du projet de loi étaient MM. Duvergier, Conte et le baron Sibert de Cornillon.

Défendre l'institution de la noblesse contre les agressions par la menace d'une pénalité, était, pour le Gouvernement impérial, disait-on, un parti conforme aux sentiments de justice et d'honneur, et inspiré par les conseils d'une politique prévoyante : en effet à toutes les époques les hommes d'Etat avaient reconnu aux titres de noblesse, une valeur politique considérable : cela était vrai de ceux qui les avaient proscrits comme de ceux qui les avaient rétablis ou conservés. Lorsque l'autorité monarchique était puissante et respectée, les titres de noblesse retrouvaient leur influence et leur éclat; ils étaient abolis ou non protégés, lorsque la monarchie était ébranlée ou renversée.

Le ministère public, avec prudence, aurait soin de discerner les faits dans lesquels se trouveraient réunis tous les éléments de la criminalité. Les magistrats ne devaient poursuivre et punir que les usurpations flagrantes sur lesquelles il n'y avait ni erreur ni illusion possible.

Au Corps législatif une commission fut nommée pour examiner le projet de loi du Gouvernement (1). La question fut sérieusement étudiée sous toutes ses faces. Certains membres voulaient assimiler les falsifications de noms en général à l'usurpation de

____

(1) Cette Commission était ainsi composée : MM. Roques Salvaza, président, O'Quin, secrétaire, Faure, Riché, Legrand, du Nivral, comte de Chambrun.

titres. Après une discussion très vive, la Commission décida de modifier le projet du Gouvernement qui lui paraissait à la fois trop étroit sous le rapport des infractions visées et trop sévère quant à la pénalité appliquée, et M. du Miral, député, fut chargé de présenter un rapport. Dans ce rapport il recherchait tout d'abord les raisons de punir l'usurpation des titres et il invoquait des raisons morales : les titres constituaient un droit pour les propriétaires légitimes, et dans un Etat policé, tous les droits devaient être respectés. L'usurpation qui était un désordre et un scandale, ne devait jamais être permise. Il y avait aussi des motifs politiques. L'usurpation était une atteinte au droit qu'avait le souverain de conférer des titres.

Il affirmait pour répondre à une objection fréquemment formulée, que la loi proposée n'avait pas pour conséquence obligée les substitutions et les majorats, contraires aux mœurs et aux institutions du pays et que les titres étaient aujourd'hui en France une distinction honorifique pure de tout privilège. D'ailleurs dans le projet de la Commission le mot noblesse avait été supprimé et remplacé par distinction honorifique qui était sa véritable définition.

En outre, le projet du Gouvernement ne punissant que l'usurpation des titres de noblesse, la Commission avait pensé assimiler à ce dernier délit, non pas

toutes les falsifications de noms, car il y avait des
changements parfois utiles et inoffensifs, mais les
modifications et altérations de noms que caractéri-
sait une prétention aristocratique. M. du Miral écrivait ces lignes que nous aurons à apprécier plus
loin :

« L'usurpation des noms nobiliaires est plus fréquente encore que l'usurpation des titres et la prépare
souvent. Comme le titre, plus que le titre, la particule s'ajoute au nom, en fait partie, se communique
et se transmet : elle fait croire quelquefois à l'ancien-
neté de l'origine. »

Le projet de loi de la commission visait la modification du nom assigné par les actes de l'état civil, et
non pas simplement par l'acte de naissance, car ce
dernier pouvait être incomplet, inexact ou falsifié.
Le délit devait avoir été commis publiquement.

La peine prévue pour les usurpations de titres et
de noms n'était plus l'emprisonnement considéré
comme trop sévère, et mal approprié à la nature de
l'infraction et au caractère des délinquants, mais une
amende de 500 à 10.000 francs. Un système de
publicité était établi en cas de condamnation.

Ce rapport fut lu par M. du Miral le 4 mai. La
discussion eut lieu dans la séance du 7. Elle fut
assez vive. Le projet amendé par la commission sou-
leva quelque opposition au sein du Corps législatif.
Plusieurs députés, dont M. Em. Ollivier, présen-

tèrent des objections auxquelles répondirent MM.
de Beauverger, Rigaud, du Miral et Baroche président du Conseil d'Etat (1). Enfin le projet de la
commission fut voté à la majorité de 211 suffrages
contre 23.

Il fallait la ratification du Sénat. Une commission
y fut nommée, composée de MM. le général marquis
d'Hautpoul, président ; le premier président Delangle, rapporteur ; le comte Ségur d'Aguesseau, secrétaire ; le vice-amiral Grivel, le marquis de Lagrange.

Au nom de cette commission, M. le premier
président Delangle présenta un rapport très favorable dans la séance du 18 mai.

Il attribuait en quelque sorte au Sénat, l'initiative
de la réforme que venait de réaliser le corps législatif, car quelques mois auparavant des pétitions ayant
le même objet avaient été renvoyées par lui au Gouvernement. Il vantait en même temps les dispositions
nouvelles, comme opportunes, morales, politiques,
et comme ne portant aucune atteinte à l'égalité civile
consacrée en 1789 et que proclamait la Constitution
de 1852. Il concluait à ce que le Sénat ne s'opposât
pas à la promulgation de la loi.

Le Sénat admit donc le projet qui devint la loi du
28 mai-6 juin 1858. Nous la citons *in extenso*. C'est
d'ailleurs le projet présenté par la Commission du
Corps législatif.

(1) Voir *Moniteur* du 9 mai 1858.

« *Article unique*. — L'article 259 du Code pénal est modifié ainsi qu'il suit :

Art. 259. — Toute personne qui aura publiquement porté un costume, un uniforme ou une décoration, qui ne lui appartiendraient pas, sera punie d'un emprisonnement de six mois à deux ans. Sera puni d'une amende de 500 à 10.000 francs, quiconque sans droit et en vue de s'attribuer une distinction honorifique, aura publiquement pris un titre, changé, altéré ou modifié le nom que lui assignent les actes de l'Etat civil.

« Le tribunal ordonnera la mention du jugement en marge des actes authentiques ou des actes de l'état civil dans lesquels le titre aura été pris indûment ou le nom altéré.

« Dans tous les cas prévus par le présent article, le tribunal pourra ordonner l'insertion intégrale ou par extrait du jugement dans les journaux qu'il désignera.

« Le tout aux frais du condamné. »

Dans son rapport, M. du Miral indiquait qu'une circulaire ministérielle réglerait tous les détails d'exécution de la loi et établirait l'impartiale uniformité de son application. Cette circulaire fut publiée dans le courant du mois de juin suivant.

En outre, comme conséquence de la loi de mai 1858, deux décrets parurent : l'un rendu sur le rapport de M. de Royer, garde des sceaux, en date des

8-12 janvier 1859, portant rétablissement du Conseil du sceau des titres (1) et lui donnant une constitution nouvelle.

Ses attributions étaient étendues. Il devait résoudre les questions se rattachant à la transmission des titres dans les familles, procéder à la vérification des qualifications contestées, à la confirmation et à la reconnaissance des titres anciens, et proposer pour l'avenir les règles à suivre dans la collation des titres et leur transmissibilité, fixant les conditions auxquelles cette transmissibilité serait assujettie.

Le Conseil du sceau était composé de trois sénateurs, deux membres de la Cour de Cassation, deux conseillers d'Etat et un certain nombre de maîtres des requêtes au Conseil d'Etat.

Le second décret, celui du 5 mars 1859, réglait le régime des titres étrangers. Il interdisait à tout Français de porter en France un titre conféré par un souverain étranger, sans y avoir été autorisé par décret impérial, après avis du Conseil du sceau des titres. On n'accordait l'autorisation que pour des causes graves et exceptionnelles (2).

Voilà donc quelles furent les dispositions élaborées dans les années 1858 et 1859 en matière d'usurpa-

(1) Nous le retrouverons *infrà* quand il sera traité de la compétence.

(2) La question sera traitée au chapitre de la noblesse étrangère.

tion nobiliaire. Ces dispositions, nous allons les étudier en détail dans le paragraphe suivant.

§ 2. — Le droit actuel.

L'article 259 modifié par la loi du 28 mai 1858 n'a pas été abrogé et est encore en vigueur aujourd'hui. Sous le second Empire, et à plus forte raison sous notre constitution républicaine, la noblesse en tant que corps politique a disparu. Elle semble absolument contraire aux principes d'égalité proclamés en 1789, et qui sont la base de notre droit public moderne.

Tout le monde peut donc se dire ou se croire noble sans redouter les pénalités judiciaires. Mais de l'ancien état de choses, il subsiste certains vestiges. Ainsi, le législateur, à tort ou à raison, nous l'examinerons plus tard, paraît reconnaître l'existence de distinctions purement honorifiques s'ajoutant au nom, et interdit de s'attribuer publiquement et sans droit, un signe distinctif qui présuppose la possession de la noblesse.

La loi de 1858 n'est pas une loi politique, protégeant une institution disparue. Elle défend l'intégrité de l'état civil, la propriété des familles, c'est une loi d'ordre. Voilà comment l'ont présentée ses auteurs.

Nous laisserons de côté le port illégal de costume,

uniforme ou décorations, délit prévu par le paragraphe 1er de l'article 259, et nous examinerons présentement les deux questions suivantes :

1° En quoi consiste le délit d'usurpation prévu par l'article 259 § 2 du Code pénal ?

2° Quelles sont les peines édictées contre lui ?

En apparence, le sens et l'application de la loi de 1858 paraissent très simples. En réalité, il n'en est rien, et nous rencontrerons un grand nombre de difficultés ; mais abordons notre première question.

1° *En quoi consiste le délit d'usurpation prévu par l'article 259 § 2 du Code pénal ?*

La loi vise deux sortes de faits : 1° l'usurpation de titres ; 2° l'usurpation de certains noms.

Quels sont les titres dont il est défendu de s'emparer indûment ? Ce sont ceux impliquant une distinction honorifique, les titres de noblesse ayant cours sous l'ancien régime et ceux établis par le premier Empire ou distribués sous les gouvernements suivants.

Remarquons qu'aujourd'hui, selon le texte et selon l'esprit de la loi de 1858, les titres qui sont conférés et ceux qui seront conférés à l'avenir, ne sont, comme tous ceux concédés depuis l'abrogation des majorats, que des titres à brevets, personnels ou héréditaires, sans aucune condition d'érection de terres.

Mais la difficulté n'est pas de déterminer la liste

des titres protégés, elle est de savoir quand un individu a droit au titre qu'il porte, car c'est l'absence
de droit qui est punie. Sur ce point il existe une
extrême confusion. S'il y a doute, le magistrat ne
punit pas.

Pour répondre à notre question, on doit distinguer
les titres selon leur origine. En principe, il faudrait
que le prévenu d'usurpation de titres représentât
toujours les lettres patentes portant concession d'un
titre de noblesse.

Pour les titres accordés avant 1789, on peut remplacer l'expédition ancienne de lettres patentes par
la mention de leur enregistrement au Parlement, ou
à la Cour des comptes ou des aides, par celle qui en
serait faite dans des jugements de maintenue ou tous
autres jugements et arrêts, dans des lettres de provision d'un office, dans des recueils.

Peut-on invoquer comme preuve d'un titre, des
faits de possession ? Plusieurs solutions sont apportées à cette question : Les uns soutiennent que la
prescription même centenaire ne peut être considérée comme un mode régulier d'acquisition d'un titre.
Les titres sont imprescriptibles. Il était nécessaire,
si les premières lettres patentes ont été égarées, d'en
demander au roi de nouvelles.

Une seconde opinion admet que la possession centenaire empruntée à la déclaration de 1699 spéciale
à la Franche-Comté, suffit pour protéger les porteurs

de titres contre le délit d'usurpation. Un dernier système regarde la possession, même non centenaire, comme un moyen de défense contre les poursuites pour usurpation. Les magistrats, dans leur sagesse, doivent apprécier les caractères et la valeur de cette possession.

En 1814, en vertu de l'article 71 de la Charte, les anciens nobles ont repris leurs titres tels qu'ils étaient en 1790, tels qu'eux ou leurs pères en avaient joui. Il est vrai qu'un grand nombre de ces titres ne s'étaient transmis que par tolérance. Mais ce que l'ancien régime a toléré, la loi de 1858 n'a pas voulu l'atteindre rétroactivement. Donc l'ancien noble poursuivi comme usurpateur n'a qu'à prouver sa possession et celle de ses auteurs. Cette possession doit être publique, certaine, non interrompue. On ne peut exiger qu'elle soit aussi centenaire.

La Cour d'Agen le 28 décembre 1857 (D. 59.2. 89) a décidé que cette possession ne saurait résulter de l'emploi des titres dans des actes privés.

Voilà pour les titres de l'ancien droit : quant aux titres modernes, titres impériaux, titres de noblesse de la Restauration, titres conférés depuis la Révolution de 1830, il ne faut pas leur appliquer les mêmes règles. Pour eux, point de possession efficace. La collation ne peut en être établie que par la production de l'acte de concession. Il faut donc se reporter à cet acte constitutif et appliquer les conditions d'acquisition et de transmissibilité qu'il détermine.

Lorsque la transmissibilité d'un titre a été soumise à la condition de constitution d'un majorat et que cette condition n'a pas été remplie, étant devenue impossible par le fait du législateur lui-même qui a supprimé les majorats, il n'y a pas d'usurpation de la part de ceux qui l'ont recueilli. Au contraire, on doit poursuivre comme usurpateur, l'individu qui prend un titre différent de celui que lui confère l'acte de concession ; l'individu qui prend, en qualité de descendant du premier gratifié, un titre personnel à celui-ci ; l'individu qui, lorsque le titre est transmissible aux descendants en ligne directe, de mâle en mâle et par ordre de primogéniture, s'attribue ce titre sans appartenir à la classe des descendants qui seuls y ont droit.

Y a-t-il délit d'usurpation de la part du puîné qui prend le titre immédiatement inférieur à celui de l'aîné et de la part de ses descendants qui continuent à s'en parer ? S'il s'agit d'un titre ancien déjà porté en vertu de ce mode de transmission irrégulier, la tolérance s'est établie, par conséquent on ne poursuit pas. Mais s'il s'agit d'un titre moderne, nous nous trouvons en présence d'une usurpation punissable.

Nous avons vu que dans l'ancien droit les armoiries timbrées étaient avec les titres les marques de la noblesse. La loi de 1858 est muette sur l'usurpation d'armoiries.

Nous en concluons que le droit de porter des armoiries et d'avoir des livrées ne peut aujourd'hui être contesté à personne. Cependant on deviendrait punissable, si on causait préjudice à des tiers en s'emparant d'armoiries déjà prises.

Le législateur moderne a voulu, nous l'avons dit, assimiler certains changements de noms, à l'usurpation de titres. On avait d'abord eu la pensée de réprimer toutes les modifications de noms. Mais on remarqua qu'il pouvait se rencontrer des changements de noms légitimes, nécessaires, et qui n'étaient inspirés par aucun sentiment de vanité ou de fraude ; en conséquence, on résolut de faire une distinction.

Dans toute société civilisée, les noms présentent une grande importance, ils servent à déterminer l'identité des personnes, leur nationalité, leur capacité. Les noms patronymiques désignent la famille à laquelle on appartient, les prénoms distinguent chaque membre.

Il est interdit de s'attribuer d'autres noms et prénoms que ceux donnés dans l'acte de naissance. Et la règle générale, en matière de changements de noms, est toujours la loi du 11 germinal an XI. Pour ajouter à son nom, ou y supprimer, l'autorisation du chef de l'Etat est nécessaire. Y a-t-il une sanction à cette défense ?

Autrefois la loi du 6 fructidor an II prononçait

une peine, mais cette loi semble abrogée, et une simple addition, faite sans autorisation, quoique en-
freignant la loi de l'an XI, n'est pas punie.

C'est de la loi de 1858 que certains font dater
l'abrogation de la loi de l'an II.

Les termes restrictifs de la loi de 1858 ne permettent plus de frapper d'une peine quelconque les
changements de noms opérés même sans droit, quand
les noms usurpés sont dépourvus de toute qualification nobiliaire : le décret de fructidor est à cet égard
explicitement abrogé. Une action civile est seulement ouverte aux tiers lésés par de semblables usurpations.

S'il s'agit d'usurpation de noms commerciaux, il
n'y a pas davantage de peine établie par la législation actuelle, à moins qu'il ne soit question de
noms apposés sur des produits fabriqués. Alors on
applique la loi du 28 juillet 1824 (art. 1er).

Relativement aux noms impliquant une distinction honorifique, aujourd'hui seuls punis, on a remplacé la peine du décret de fructidor par celle du
nouvel article 259.

D'ailleurs on a également soutenu que depuis
longtemps le décret de fructidor était abrogé, ce que
ferait supposer un passage du rapport sur la loi de
1858 signalant le scandale de l'usurpation des noms
honorifiques.

La loi du 6 fructidor an II qui défendait les chan-

gements de noms sous peine de six mois d'emprisonnement avait, dit-on, été déclarée implicitement
abrogée par la jurisprudence (Arrêt de Lyon, 30 août
1827, D. L. 32, p. 519, V° *Nom*). La pénalité de
l'an II était trop rigoureuse et une loi trop sévère
se trouve frappée d'impuissance. De plus, l'arrêt de
Lyon n'y voyait qu'une mesure révolutionnaire di-
rigée surtout contre les émigrés.

La loi de 1858 vise les altérations de noms prati-
quées dans le but d'y ajouter une signification nobiliaire, autrement dit l'usurpation de noms de terre.
Ce paragraphe rétablit donc indirectement une distinction entre deux classes de personnes, les nobles
et les non-nobles.

L'usurpation des noms roturiers, du moins lorsque ne s'y joint pas un délit d'escroquerie ou de faux
(art. 147, 154-155, C. pén.) ou qu'elle ne sert pas
à opérer l'arrestation illégale ou la séquestration
d'une personne (art. 344, C. pén.), cette usurpation
reste en dehors de la protection de la loi.

Parmi les altérations de noms, dans un but honorifique, signalons au premier chef l'addition de la
particule.

Nous avons démontré que dans l'ancien droit la
particule ne fut jamais une marque de noblesse et
que son usage illégal ne tomba jamais sous le coup
des nombreuses dispositions qui frappèrent les usurpateurs de noblesse.

Néanmoins, l'opinion publique persista à attribuer à cette particule qui accompagnait souvent et non toujours la noblesse, une valeur qu'elle n'avait pas et à la confondre avec la noblesse.

Dans le cours de notre siècle, nombreuses ont été les additions ridicules de ce genre.

Le Corps législatif voulut détruire un abus aussi grand. Et c'est pour cela qu'au projet du Gouvernement qui ne punissait que l'usurpation des titres de noblesse, la Commission substitua l'expression plus générale : distinction honorifique, et M. du Miral fournit à ce sujet dans son rapport des explications que nous avons citées plus haut.

Donc, l'article 259 du Code pénal atteint l'usage illégitime de la particule. On a tiré de ce fait des conclusions erronées. On a prétendu que le législateur de 1858 considérait la particule, le *de*, comme un attribut de la noblesse, et que tout noble avait aujourd'hui droit à la particule et pouvait l'ajouter à son nom sans autorisation.

Des auteurs renommés, M. de Semainville en particulier, se firent les champions de cette doctrine qui avait pris naissance à la fin du XVIIIᵉ siècle. Les tribunaux ne devaient pas hésiter, d'après eux, à rectifier dans ce sens les actes de l'état civil des personnes qui justifiaient de leur noblesse.

Cette opinion, au point de vue nobiliaire, est fausse, car nous avons dit que beaucoup de familles, qui portent à juste titre la particule, n'ont jamais appartenu à la noblesse : ce serait alors attribuer cette qualité à des individus qui n'y ont aucun droit.

De plus, une pareille interprétation se trouve en contradiction absolue avec la pensée du législateur de 1858. Que s'est-on proposé alors ? de restaurer une caste disparue, de créer de nouvelles distinctions honorifiques ? non. On a seulement voulu respecter ce qui existait et le faire respecter. Or jamais ni l'ancien droit, ni les usages anciens n'ont regardé la particule comme un signe nobiliaire.

La preuve que le Corps législatif n'attachait aucun caractère nobiliaire à la particule, c'est qu'il a considéré que l'expression « titre de noblesse » ne la comprenait pas, et qu'il a employé une expression plus large.

La loi de 1858 est malheureusement trop vague : elle eût dû réprimer dans deux paragraphes distincts, d'abord l'usurpation des titres de noblesse, ensuite l'altération des noms. Cela n'eût pas prêté à la confusion.

Néanmoins nous affirmons que l'esprit de l'article 259 est resté fidèle aux règles régissant la noblesse en France.

Les tribunaux civils, saisis d'une demande en rectification de nom, n'ont pas besoin de rechercher si le demandeur possède la qualité de noble, puisque le *de* revendiqué n'est pas une distinction exclusivement réservée à la noblesse. Dans ce cas, ils doivent simplement consulter les actes de l'état civil, et vérifier si la famille a constamment porté la particule.

La jurisprudence repousse généralement cette solution, comme le témoignent deux arrêts, l'un de Colmar du 15 mai 1860 (D. 1860.2.142), l'autre d'Agen du 26 juin 1860 (D. 1860.2.141).

Ces arrêts et beaucoup d'autres décident que la particule est un signe caractéristique de la noblesse, et qu'il faut faire preuve de celle-ci pour porter celle-là.

Quoi qu'il en soit, nous nous refusons à voir dans la particule un attribut de la noblesse : l'opinion publique commet une grave erreur en la regardant ainsi, elle ne doit pas appuyer son jugement sur la loi de 1858, car cette dernière a voulu simplement atteindre toutes les altérations introduites dans les actes de l'état civil, par la fraude et la vanité, et n'a rien innové (1).

L'article 259 vise donc la seule adjonction de la particule *de* au nom patronymique. Qu'entend-on

______

(1) Citons un arrêt de la Cour de Toulouse, 15 mars 1893 (Aff. de Badens, D. P. 93.2.332), arrêt aux termes duquel, la particule n'est pas une qualification nobiliaire ou un signe de noblesse.

Il a été décidé (Crim. rejet, 26 août 1880, D. 80.1.433) qu'est suffisamment motivé au point de vue du délit d'usurpation de nom, l'arrêt qui énonce qu'un prévenu, dans le but de s'attribuer une distinction honorifique, a pris, sans droit, depuis plusieurs années, et en divers lieux, dans tous les actes de sa vie privée, un nom précédé d'une particule.

encore par un nom impliquant une distinction honorifique, conséquemment un nom dont l'usurpation est réprimée par la loi pénale?

Les noms de terre précédés ou non de la particule *de* ou *du* rentrent dans cette catégorie.

L'addition d'un nom de terre au nom patronymique tombe sous l'application de l'article 259, quoiqu'elle ne soit pas par elle-même un signe de noblesse.

Il suffit qu'elle soit de nature à faire supposer l'existence d'une origine nobiliaire pour qu'on puisse y voir la volonté délictueuse de s'attribuer une distinction que les habitudes sociales qualifient de distinction honorifique. Cette addition constitue un délit par cela seul qu'elle n'a pas été autorisée, sans que le tribunal de répression ait à s'occuper du plus ou moins de fondement de la prétention du prévenu à se rattacher à une origine nobiliaire.

On doit également considérer comme une usurpation punissable, celle qui porterait sur le nom des anciennes familles nobles, par exemple de grandes familles parlementaires, qui n'avaient ni titres, ni particules.

Le fait de la part de personnages politiques d'ajouter à leur nom patronymique celui de la ville ou du département de leur origine pour éviter une confusion, ne constitue pas un délit. Mais il en serait autrement, si, au lieu d'une simple addition d'un nom de localité, le nom de famille était supprimé ou l'initiale en était seule conservée et suivie de ce nom de localité, de façon à présenter les apparences d'un nom faisant supposer une origine nobiliaire.

L'emploi d'un prénom sous lequel une personne n'est pas inscrite dans son acte de naissance n'est jamais punissable.

Quant aux pseudonymes, leur usage que la loi reconnaît et protège se concilie facilement avec la prohibition des changements de noms. On conserve son véritable nom dans la vie civile, dans la vie ordinaire.

Mais il ne faut pas, à titre de pseudonyme, prendre le nom patronymique d'un tiers : si l'intérêt public n'est jamais lésé par l'emploi des pseudonymes, l'intérêt privé peut l'être (Trib. civ. Seine, 30 mars 1882, S. 84.2.22).

Le pseudonyme est absolument personnel. L'usage prolongé d'un pseudonyme finit par en conférer la propriété à celui qui en a fait le choix (V. *Gaz. des Trib.*, 25 janv. 1889).

Pour qu'il y ait usurpation punissable, nous avons dit qu'il devait s'agir d'un nom impliquant une distinction honorifique. Il faut en même temps qu'il y ait absence de droit, condition qui sera réalisée quand ce nom est autre que celui assigné par les actes de l'état civil, et que le changement n'a pas été régulièrement autorisé. Remarquons cette différence avec le décret du 6 fructidor an II qui répri-

mait le changement du nom inscrit dans l'acte de
naissance seulement.

La loi de 1858 parle du nom résultant des actes
de l'état civil. Le prévenu d'usurpation d'un nom
honorifique peut exciper, pour établir son droit à la
propriété de ce nom, de faits ou de documents autres
que des actes de l'état civil, par exemple d'une possession attestée par des documents même non spécialement destinés à constater sa situation de famille et
non conformes aux actes qui seuls sont de nature à
renfermer cette constatation.

L'incorporation d'un nom de fief ou terre noble à
un nom patronymique ne saurait constituer un droit
acquis, si elle ne s'est point faite avant 1789 ou tout
au moins avant la loi du 6 fructidor an II qui a fixé
invariablement les noms, en défendant pour l'avenir
de les modifier (Trib. civ. Le Mans, 5 février 1896,
Gaz. Trib., 28 mars 1896).

« La règle qui écarte, en matière de noms, la prescription acquisitive définie par l'article 2219 du
Code civil n'empêche pas que l'usage et la possession
ne puissent quelquefois être pris en considération
en cette matière.

« La loi n'ayant réglé ni la durée, ni les conditions de cette possession, il appartient aux juges du
fait d'en apprécier souverainement la loyauté et les
effets, tantôt en la faisant respecter, tantôt en en
déniant la légitimité.

« Ainsi quand ils constatent : 1° que depuis plus d'un siècle une personne a eu, par elle ou par ses auteurs, la possession loyale publique et incontestée d'un nom ; 2° que depuis le 4 août 1789, ses ascendants se sont toujours désignés sous ce nom, dans un grand nombre d'actes publics ou notariés ; 3° que ce nom la désigne dans certains actes de l'état civil ; 4° enfin que c'est sous ce nom qu'elle est connue et qu'elle l'a porté elle-même sans contestation jusqu'au jour de l'assignation ; les juges du fait décident à bon droit que ce nom lui appartient légitimement. » (Cassation, 8, 9, 10 novembre 1897.) (1).

Pour résumer ce qui précède nous dirons : la loi de 1858 embrasse dans une même disposition deux faits distincts, l'usurpation de titres nobiliaires et la modification des noms dans un but honorifique, c'est-à-dire l'appréhension injustifiée ou non autorisée des noms de terre et l'usage illégal de la particule. Il est regrettable que les deux infractions aient été confondues, car non seulement le public, mais les auteurs et la jurisprudence en ont conclu que désormais le caractère nobiliaire avait été formellement reconnu à la particule.

Le même but aurait été atteint, à savoir réprimer un délit grave comme l'altération de nom, délit lésant tout à la fois l'intérêt public, en jetant le trou-

(1) V. *Gazette des Tribunaux*, numéros des 11 novembre et 18 décembre 1897.

ble dans l'état civil, et l'intérêt privé, si on l'avait réprimé d'une façon générale, dans un article spécial, ou tout au moins dans un paragraphe particulier de l'article 259.

Évidemment en dehors de l'escroquerie, la vanité est le grand mobile des changements de noms ; c'est ce qui explique le rapprochement opéré en 1858, rapprochement dont on a tiré des conséquences qu'il ne comporte pas.

Néanmoins nous estimons que le législateur a eu raison de frapper ceux qui pratiquaient une telle altération et qui semblaient ainsi rougir de leurs ancêtres.

Jules Simon, dans ses discours, s'est un jour écrié : « Quel est celui d'entre vous qui ne se souvienne de son père, et qui ne se dise, qu'outre l'héritage qui peut lui avoir été laissé en fermes, ou autres valeurs, il lui en a été laissé un autre, l'héritage du nom !

Citons encore cette belle page d'un écrivain s'élevant lui aussi contre une pareille impiété :

« Les noms éclatants ou obscurs, on ne les respecte pas assez parmi nous. Ce qui me scandalise le plus, quand je vois un bourgeois s'affubler de noblesse, c'est qu'il quitte le nom de son père et le sien. Le nom d'une famille, c'est un héritage, c'est une propriété ; la plus petite en apparence, si le nom est obscur, mais la plus solide, la plus inaltérable. Depuis de longues années, les terres de la famille ont été partagées et vendues : les pieux souvenirs du champ natal ne l'ont pas sauvée de l'encan. Les maisons sont tombées en poussière ; l'argent a coulé de mains en mains. Seule, cette petite propriété syllabique, le nom, a duré pendant des siècles ; seule elle a défié les efforts du temps et les vicissitudes de la fortune ; seule elle est le passé, seule elle est l'avenir ; seule, vous la transmettrez à vos fils, comme vous l'avez reçue de vos pères. Si l'imagination, embrassant du regard cette vaste destinée de quelques lettres rassemblées, évoquait le souvenir de la famille passée et l'espérance de la famille future, tous ces aïeux inconnus qui ont répondu comme nous, à ce nom gravé sur leurs tombes, tous ces petits-fils inconnus, qui le bégaieront dans leurs berceaux : si l'esprit de propriété et l'esprit de famille, ces deux fortes attaches du cœur de l'homme, ces dieux lares du foyer, se réveillaient en nous et se fortifiaient l'un par l'autre, peut-être notre nom, tout plébéien qu'il est, redevenant le signe de ces choses sacrées, reprendrait-il à nos yeux son véritable prix (1). »

Donc notre désir serait de voir réprimer toutes les altérations de noms qui ne seraient ni légitimes, ni nécessaires. Or, nous le savons, l'article 259 ne range parmi les faits d'usurpation punissable que l'usurpation des noms que l'on eût avant 1789 qualifiés de

---

(1) Hippolyte Rigault, *Études littéraires et morales.*

féodaux, usurpation assimilée à celle des titres de noblesse.

Pour nous résumer, nous indiquerons les différentes manières d'enfreindre l'article 259 : elles sont au nombre de trois.

Sont punissables : 1° l'usurpation d'un titre nobiliaire. Parfois il y a concours de l'article 405 du Code pénal avec l'article 259. En cas d'escroquerie, quand il est fait usage de faux noms ou de fausses qualités, la peine encourue est l'emprisonnement d'un an à cinq ans ; 2° l'addition au nom patronymique d'un nom de terre ou de lieu quelconque, en les reliant par la particule ; 3° l'addition simple de la particule à son nom, ou la décomposition de son nom en deux fragments, de façon à ce que la particule se trouve en tête.

Qu'il s'agisse d'usurpations de titres ou de changements de noms (dans les cas où ils sont réprimés), les officiers publics qui les favorisent peuvent être punis comme complices.

Les changements de noms ne sont pas licites dans tous les cas où ils ne tombent pas sous le coup de la loi pénale. Ils demeurent illégaux, contraires à la loi du 11 germinal an XI, et bien que ne constituant pas des infractions, ils ne peuvent conduire à l'acquisition des noms usurpés.

L'usage d'un faux nom peut constituer une infraction distincte du simple changement de nom.

L'article 259 ne doit pas s'appliquer au cas où l'usurpation a eu pour but de faciliter l'accomplissement d'un vol ou d'une escroquerie.

Alors il faudrait appliquer les articles 381-4° et 405 du Code pénal. Il en serait de même, s'il s'agissait du nom d'un commerçant ou de sa raison sociale. L'usurpation qui a pour objet de causer préjudice à un rival en facilitant la concurrence déloyale est prévue et punie par les lois du 28 juillet 1824 et du 23 juin 1857.

Pour constituer l'usurpation punissable, trois conditions sont nécessaires :

1° Il faut que l'on ait, sans droit, pris un titre, altéré ou modifié le nom qu'assignent les actes de l'état civil ;

2° Il faut que le fait se soit réalisé publiquement : on ne veut pas pénétrer dans la vie privée des individus. Il y a là des bornes qu'aucune loi ne saurait franchir sans attenter gravement à la liberté. Si chez moi, dans l'intimité, il me plait de me faire appeler comte par mes amis ou mes serviteurs, cela ne regarde personne et ne peut tomber sous le coup de la loi pénale. De même quelqu'un s'amusera à m'adresser des lettres, avec une suscription nobiliaire : dans ce cas encore il est inadmissible que l'on me poursuive pour cette affaire. Les tribunaux, sous le contrôle de la Cour de Cassation, détermineront en quoi cette publicité consiste. En général, il faut que l'usurpation soit écrite. On l'établira par exemple à l'aide des actes de l'état civil, ou de jugements et actes authentiques, ou bien d'actes sous seing privé, soumis à la formalité d'enregistrement ou produits en justice.

La Commission avait proposé de limiter à ce cas le délit d'usurpation puni par le nouvel article 259 ; mais le Conseil d'État pensant que la publicité peut naître d'autres circonstances, le mot *publiquement* a été substitué aux expressions proposées.

3° Il faut enfin que l'usurpation ait été faite en vue de s'attribuer une distinction honorifique.

On a voulu atteindre l'audace, la mauvaise foi, la fraude.

Celui qui de bonne foi continuerait une possession antérieure, même erronée, quand le titre porté est susceptible de ce genre de preuves, ne serait pas punissable. Mais on ne saurait mettre en doute la mauvaise foi d'un individu qui prend un titre dont la collation ne peut être établie que par la production d'un acte de concession ; si cet acte n'existe pas, son intention de s'attribuer frauduleusement une distinction honorifique résulte du fait seul de porter le titre. En matière de nom, la mauvaise foi résulte de la connaissance chez le prévenu de la nature honorifique du nom et de l'absence de tout droit à le prendre ou à le porter. L'exception de bonne foi, puisée dans des actes de l'état civil, dont quelques-uns contiennent cette qualification par suite d'altérations dont le prévenu reconnait l'existence, et qu'il soutient avoir ignorées, peut être rejetée par le juge de répression, sans qu'il y ait nécessité, en présence de cet aveu, de prononcer un sursis au jugement jusqu'à la vérification par voie judiciaire ou administrative des documents invoqués (Cr. r., 31 mai 1862, D. P. 64.1.451).

Par quel moyen établir l'usurpation de titres ou le changement de nom ?

En vérifiant tous les actes de l'état civil d'un individu, et non seulement son acte de naissance : celui-ci, en effet, peut être inexact, incomplet ou falsifié.

Sur ce point nous trouvons une jurisprudence constante. Voyez Paris, 16 janvier 1862 (Sir. 63. 2.45) ; Cass., 26 août 1880 (Sir. 81.1.96).

Les questions de preuve et de compétence en matière d'usurpation seront examinées plus loin.

2° Quelles sont les peines édictées contre l'usurpation ?

Nous avons fait observer dans l'historique de la loi de 1858 que le projet du gouvernement avait reproduit l'ancien article 259 du Code de 1810 : comme lui, il prononçait la peine d'emprisonnement contre les usurpateurs. Mais il prévoyait que, dans certains cas, l'amende serait suffisante, tandis que dans d'autres, elle viendrait encore s'ajouter à la privation de la liberté, ce qui était d'une rigueur exceptionnelle et dépassait en sévérité toutes les dispositions antérieures.

Le Corps législatif comprit que le délit à réprimer était d'une nature toute spéciale, ne causant la plupart du temps aucun préjudice sérieux. De plus les usurpateurs n'étaient pas des malfaiteurs et c'eût été dépasser le but que de les frapper aussi durement. C'est pourquoi on supprima de la rédaction définitive toute peine corporelle, se contentant de prononcer contre les usurpateurs une amende variable, suivant la gravité de l'infraction Cette amende peut être de 500 francs à 10.000 francs.

L'amende est bien le châtiment adapté au délit qui nous occupe. Celui-ci a été inspiré par la vanité, l'ambition et commis en général par des gens qui, ayant amassé une grosse fortune, prétendent maintenant à des honneurs, et se donnent des airs de grand seigneur. C'est donc la vanité qu'il faut réprimer et combattre et l'on a pensé y réussir en imposant un sacrifice à la bourse du coupable.

De plus on fera connaître autour de lui le jugement qui le condamne comme usurpateur. Pour cela un système de publicité est organisé.

Le tribunal pourra ordonner l'insertion intégrale ou par extrait du jugement dans les journaux qu'il désignera. En outre pour que des tiers ne se laissent plus prendre à la qualité indûment usurpée de l'individu, mention du jugement sera ordonnée en marge des actes authentiques ou des actes de l'état civil dans lesquels le titre aura été pris sans droit ou le nom altéré.

Les jugements d'acquittement ne sont pas assujettis à cette mention prescrite par l'article 259, alors même qu'ils constateraient l'illégalité du port du titre, et que le prévenu n'aurait été renvoyé de la poursuite qu'à raison de sa bonne foi. Il est manifeste que l'acquittement n'implique pas nécessairement la reconnaissance du titre.

Quel accueil fit-on à la loi de 1858 ? D'abord les journaux démocratiques comme le *Siècle* combattirent cette loi. Ce qu'il y eut de très curieux, ce furent les arguments employés par ce journal : au lieu d'invoquer la violation des principes de la Révolution, il semblait se constituer l'avocat de l'ancienne noblesse, et craignait que celle-ci ne pût prouver ses titres. Il était certain en effet que la grosse question soulevée par la loi de 1858 serait celle de la preuve des titres.

En dehors de la presse, ce fut au Sénat chargé de statuer sur les pétitions, que se manifestèrent les plus vives critiques contre la loi de 1858. Dans la séance du 4 juillet 1860, M. Amédée Thierry présenta, au nom d'une commission, un rapport sur une pétition concernant un projet de nature à compléter la loi sur l'usurpation des titres (1). On proposait la vérification de toutes les qualifications nobiliaires, dans un délai déterminé par le Conseil du sceau, aidé de commissions temporaires, organisées dans les départements, et l'établissement d'un catalogue. Mais cette pétition fut écartée et le même sort attendit les autres pétitions qui la suivirent, en particulier dans le cours de l'année 1861. Mais elles donnèrent toutes lieu à des rapports et à des discussions où l'on mit à jour l'insuffisance et les incertitudes de la législation en vigueur.

Nous pensons que, sous le second Empire, il n'était pas nécessaire de rétablir une barrière légale entre la noblesse et la roture : dans l'intérêt du gouvernement, qui, en agissant ainsi, s'éloignait des principes sur lesquels il avait déclaré s'appuyer, dans l'intérêt de la masse de la nation dont l'esprit serait inutilement et inévitablement froissé. Suivant un mot très juste, quand on est la démocratie couronnée, on n'a pas besoin de chercher ailleurs son prestige et son appui.

Mais, d'après la loi nouvelle, à quelles conditions un titre serait-il considéré comme appartenant légitimement à une personne ? Il aurait fallu poser en 1858 les règles de transmission des titres, les conditions de leur légitime possession : ainsi l'infraction à ces règles serait punie par l'article 259.

(1) Voir *Moniteur officiel*, années 1860 et 1861.

Mais rien n'était plus variable que ces règles. Le second Empire avait reconnu tous les titres, aussi bien les titres antérieurs à la Révolution que ceux conférés depuis. Or les uns et les autres ne se transmettaient pas de la même façon. Nous avons étudié comment les choses se passaient sous l'Ancien Régime, et nous savons que la plupart des titres modernes étaient personnels et ne devenaient héréditaires que si les lettres de concession le déclaraient expressément, ou si, à certaines époques, les titulaires avaient institué un majorat en faveur de leurs descendants.

En principe on devrait se faire représenter, à propos de chaque titre, les lettres patentes de collation. Pour l'ancienne noblesse, il y a souvent impossibilité absolue : beaucoup de documents ont disparu pendant la Révolution, quand on a cherché à tout anéantir, même le simple souvenir de cet ordre.

En dehors de ces considérations, il arrive que les plus vieilles familles, celles dont les hauts faits remontent à une époque antérieure à l'organisation de la noblesse et des titres par la royauté, ne possèdent aucun acte authentique de concession de titres.

Malgré cela on a prétendu qu'il était encore facile à un gentilhomme de prouver sa qualité.

On pourrait consulter les procès-verbaux des Assemblées des bailliages et des sénéchaussées pour l'élection des députés aux États Généraux de 1789 et pour la rédaction du cahier des doléances. Mais pour être admis à l'Assemblée de la noblesse, il fallait être noble possédant un fief, et être âgé de 25 ans. Or nous avons dit qu'il y avait d'autres nobles que ceux possédant des fiefs. On consulterait encore les jugements et ordonnances de maintenues de noblesse, rendus par les Parlements ou les intendants des provinces, lors des dernières recherches contre les usurpateurs. Il y aurait également moyen de rechercher dans les archives des ministères de la guerre et de la marine les états de service de tous les officiers. Nous avons dit qu'à partir de 1750, la noblesse héréditaire était acquise aux officiers sous certaines conditions de temps. Quelques années plus tard un édit décidait(1) que, pour être officier dans les armées françaises, il fallait être noble, ou fils de chevalier de Saint-Louis.

Les archives des cours souveraines possèdent les provisions de toute la noblesse de robe aux deux derniers siècles.

Pour les titres conférés depuis la Révolution, il était plus facile de connaître le droit. Le décret constitutif devait exister, et d'après ce décret, on pouvait se rendre compte de la nature du titre, et, au cas où il était héréditaire, si les conditions auxquelles sa transmissibilité était soumise avaient été remplies.

(1) Edits de 1781 et de 1786.

En un mot, pour rendre applicable et efficace la loi de 1858 relativement aux titres, il eût fallu procéder à la révision générale de tous les titres de noblesse et dresser un catalogue de ceux reconnus fondés à porter un titre, car les titres réguliers sont ceux dont on peut justifier l'origine, et non ceux qui ont été régularisés par une possession plus ou moins prolongée, aidée de la complaisance ou de l'ignorance d'un officier de l'état civil.

Mais les rédacteurs de la loi de 1858 se sont défendus de vouloir procéder à une révision et à une vérification générale des titres. Nous lisons dans l'exposé des motifs du projet de loi : « Le projet n'entend pas confier aux tribunaux de justice répressive le soin de procéder à une sorte de révision générale de tous les titres de noblesse : il ne serait ni juste, ni prudent, de remonter à l'origine de possessions plus ou moins anciennes pour y rechercher des abus et en faire retomber le châtiment sur la postérité de ceux qui les avaient commis. »

M. du Miral ajoute dans son Rapport : « La loi actuelle n'a pas pour but de préparer une révision générale de tous les titres et de tous les noms nobiliaires. Elle n'est pas une préface d'un livre d'or à créer pour la noblesse française. A quoi bon la révision, puisque la noblesse ne constitue plus une classe et n'a à exercer ni droits, ni prérogatives. »

La loi de 1858 est en conséquence inapplicable

quant aux titres dans beaucoup de cas. Comme nous l'écrivions plus haut, la recherche des usurpations passées suppose la connaissance d'un ensemble d'actes législatifs surannés, de tout temps inappliqués et dans lequel on aurait souvent beaucoup de peine à se reconnaître.

Si on parvenait à établir et à expliquer clairement une telle législation en voulant la mettre en pratique, on aboutirait à un résultat inouï : on frapperait les trois quarts des personnes titrées, et parmi elles les représentants des familles qui ont rendu les plus grands services au pays ou au gouvernement, car beaucoup de ceux-ci seraient considérés comme ne possédant pas légitimement les titres qu'ils portent. D'ailleurs, après avoir déposé le projet de loi, le gouvernement impérial s'est parfaitement rendu compte de ce fait et nous trouvons les signes de cette impression dans la circulaire ministérielle du 19 juin 1858, réglant les conditions d'application de la nouvelle loi.

D'un autre côté, si, au lieu d'une mesure générale, on se bornait à des poursuites isolées, ce serait l'arbitraire pur et simple, c'est-à-dire la vexation vis-à-vis de ceux qui n'ont pas les faveurs du Gouvernement.

Il pourrait encore arriver que le juge, effrayé des conséquences auxquelles aboutit l'application du droit strict, tenterait de faire fléchir la règle et admettrait quelques usages généralement acceptés sous l'ancien régime, ce qui constituerait un excès de pouvoir.

Pour toutes ces raisons, il ne faut pas attribuer à la loi de 1858 un effet rétroactif. D'ailleurs c'est un principe de notre droit. L'article 4 du Code pénal français porte : « Nulle contravention, nul délit, nul crime ne peuvent être punis de peines qui n'étaient pas prononcées par la loi avant qu'ils fussent commis. »

Or la loi de 1832 a inauguré un régime de tolérance, d'après les propres paroles des auteurs de la loi de 1858, et si pendant 25 ans il y a eu tolérance, cela veut dire qu'il n'y a pas eu de culpabilité de la part de ceux qui en ont usé, sans toutefois manifester une intention coupable et porter préjudice à autrui.

Si l'on veut que la loi de 1858 ait une application possible, il faut donc renoncer à poursuivre dans le passé les usurpations de titres, et regarder comme prescrits les actes accomplis antérieurement à sa mise en vigueur.

La loi est si vague, dans ses termes, que l'on peut considérer la prescription, sinon comme y étant explicitement prononcée, au moins comme y étant contenue de fait : on n'y parle pas en effet de l'époque jusqu'à laquelle on doit faire remonter ses investigations.

Cependant la loi de 1858 atteindrait ceux qui persisteraient à porter des titres de fantaisie usurpés depuis 1832. Les individus qui les conserveraient seraient donc réputés les porter sans droit comme s'ils ne les avaient pris que depuis la loi nouvelle. On doit dans ce cas considérer le délit comme postérieur à cette loi.

Et alors on ne peut reprocher à l'application du nouvel article d'être entachée de rétroactivité. D'ailleurs l'intention du législateur n'est pas de rechercher toutes les usurpations : nous avons considéré comme en dehors de toutes poursuites les familles qui prouveraient être en possession, en 1790, de titres acquis de façon quelconque et dont on leur tolérait l'usage. Puisque ces titres anciens furent rétablis en 1814, nous ne pouvons nous montrer à leur égard plus sévères que l'ancien régime. Ce qu'il importe de découvrir et de réprimer, ce sont les usurpations flagrantes, scandaleuses, et nous pouvons considérer comme telles, les usurpations de titres réalisées dans le cours du siècle, en violation de toutes les règles modernes.

Mais celles-là encore, nous savons qu'on s'abstint d'en poursuivre un grand nombre, car précisément on eût atteint beaucoup d'amis du gouvernement qui n'étaient pas en règle avec la loi.

Les surnoms aristocratiques à particule, ajoutés aux noms patronymiques se rencontraient en particulier très fréquemment chez les fonctionnaires et les adhérents du régime impérial.

Aussi la loi de 1858 à peine votée, le Gouvernement jugea nécessaire de les rassurer par une circulaire de M. le Garde des Sceaux aux procureurs impériaux en date du 19 juin. Nous y lisons entre autres choses :

« La loi nouvelle doit être appliquée avec autant de prudence que de fermeté...

« Je dois, quant à présent, me borner à vous inviter à ne laisser intenter dans votre ressort aucune poursuite relative à des faits prévus par l'article 259 rectifié du Code pénal, sans avoir provoqué et reçu mes instructions spéciales. »

De plus, on donna aux familles qui le sollicitaient le moyen de faire régulariser leur position, et d'obtenir, par ordonnance impériale, mais à titre gracieux, et non comme un droit, pour leurs représentants actuels et les descendants de ceux-ci, de pouvoir porter à tout jamais ces surnoms à particule nobiliaire sous lesquels elles ont été connues jusqu'à présent. Ce fut une véritable faveur accordée aux impétrants, une sorte d'anoblissement par lettres. Le Gouvernement autorisa fréquemment des individus à ajouter la particule à leur nom. De nombreuses demandes furent également faites aux tribunaux pour obtenir la reconnaissance ou la confirmation du droit de porter la particule.

Certains esprits furent effrayés de cette soif d'ambition qui grandissait toujours et tentèrent de mettre
un terme aux autorisations gouvernementales. Dans
ce but, ils adressèrent au Sénat une pétition pour
se plaindre de la facilité avec laquelle on permettait
d'ajouter à un nom patronymique un second nom
précédé d'une particule et qui bientôt remplaçait
l'ancien nom. Mais l'Assemblée ne s'émut pas de
ces réclamations (1).

Sous le second Empire, il y eut très peu de procès
pour faits d'usurpation de titres nobiliaires, et de
surnoms, en vue de s'en faire un titre honorifique.
Et même ces procès n'eurent lieu que sur la plainte
de quelques familles qui se crurent lésées.

Les résultats produits par la loi de 1858 furent
donc presque négatifs. Peut-être empêcha-t-elle
quelques personnes n'appartenant pas à la noblesse
en 1789 de prendre dans des actes publics et authentiques une qualification ne pouvant s'appuyer
sur aucun prétexte. Elle fournit aussi un chef d'ac-
cusation de plus dans les poursuites pour escroquerie
ou abus de confiance commis à l'aide d'une qualification nobiliaire.

Nous avons réservé à dessein une question très
importante que nous allons traiter maintenant : Le
titre fait-il partie intégrante du nom ? ou bien a-t-il
conservé son individualité particulière ?

(1) V. *Moniteur* du 14 juin 1861, p. 879.

A ce sujet deux opinions différentes ont été émises. Les uns, avec M. Levesque, le savant auteur du *Droit nobiliaire français au XIXe siècle*, regardent le titre comme partie intégrante du nom. Aujourd'hui, dit-on, tous les titres sont du genre personnel. La servitude n'établit aucune prééminence d'un héritage sur l'autre (article 638 du Code civil). Il n'y a plus de collations réelles. D'ailleurs c'est le rapporteur de la loi de 1858 qui proclame lui-même « que les titres usités parmi nous ne sont plus qu'une distinction nominale, que le titre fait partie du nom, et se confond avec lui ». Saint-Simon les considère comme le nom « comtisé ou marquisé ». Il existe donc une différence profonde entre les titres modernes et les titres féodaux.

Le titre féodal ne s'attachait pas au nom, mais au domaine, et venait de la terre à la personne. Le titre moderne au contraire n'est qu'un élément du nom, un membre de la désignation de la personne.

Les conséquences qui découlent de cette opinion sont les suivantes : si autrefois la transmission du titre se liait à la transmission du domaine, aujourd'hui elle se lie à la transmission du nom : alors tous ceux qui sont issus directement du chef de famille, qui forment cette collectivité appelée une famille, doivent participer à ce titre, et ne pas recevoir un titre inférieur à celui de leur père, mais le titre lui-même. Les enfants peuvent également prétendre à s'appeler comme leur père, et cela non pas au moment u décdès de ce dernier, mais dès leur entrée dans la famille. Le nom dont fait partie le titre est la propriété simultanée du chef et des membres. Dans ce système, nous ne trouvons plus cette idée féodale que le chef de famille a la possession exclusive du titre pour ne le laisser passer qu'après lui à son fils aîné. Il n'y a plus de droit d'aînesse et de masculinité.

Le lien est plus étroit entre le nom et le titre moderne qu'entre la dignité ancienne et le fief : jadis la suppression du titre n'entraînait pas le démembrement du fief, tandis que, de nos jours, elle aboutirait à la mutilation du nom.

Il résulte de tout ce qui précède, que, dans le système que nous exposons, les titres de noblesse, partie intégrante du nom, peuvent et doivent être insérés dans les actes de l'état civil.

Des arrêts nombreux, sans affirmer aussi explicitement ces principes, ont admis l'action en rectification d'un acte de l'état civil dans lequel avait été omise une qualification nobiliaire.

Nous citerons en particulier un arrêt de Cassation du 1er juin 1863 (Affaire de Marguerie) où nous lisons : « Que l'article 57 du Code Napoléon, énumératif des indications substantielles que doivent contenir les actes de l'état civil, n'est pas, par ses termes, exclusif d'autres mentions complétives, qui peuvent concourir à mieux constater l'identité des personnes dénommées dans ces actes, lorsqu'elles sont justifiées par une notoriété incontestable ». Evidemment ce n'est pas dire que le titre fait partie du nom, et que c'est comme nom qu'il doit être inséré dans les actes de l'état civil, en vertu de l'article 34 du Code civil, ainsi conçu : « Les actes de l'état civil énonceront l'année, le jour et l'heure où ils seront reçus, les prénoms, noms, âge, profession et domicile de tous ceux qui y seront dénommés. » C'est affirmer que, du moins dans le cas d'une notoriété incontestable, on peut exiger l'insertion du titre nobiliaire attaché au nom.

Pour compléter l'exposé de cette opinion, nous relaterons un passage d'un rapport de M. le conseiller Guillemard où il commente la décision précédente de la Cour de Cassation (1).

Il montre que, d'après l'article 10 du statut du 1er mars 1808, du moment où on justifie d'un titre impérial par les lettres patentes de concession, il est légal et partant obligatoire de l'admettre sur les registres de l'état civil. Or la charte de 1814 ayant accordé les mêmes droits à la noblesse ancienne qu'à la nouvelle, il conclut que le statut de 1808 s'est étendu et gouverne toujours en ce point la rédaction des actes de l'état civil.

(1) V. *Gaz. des Trib.*, 18 et 19 avril 1864.

« Le titre, écrit-il, s'unit et adhère au nom, comme le nom à la personne : il s'y attache, il s'y incorpore, et de même qu'il en est la décoration, de même on peut dire qu'il en forme une dépendance légale. Il est donc malaisé de croire que, dans tous les actes, le titre ne doive pas être placé devant le nom comme un complément inséparable. »

Résumons donc la première opinion : le titre fait partie intégrante du nom. Il doit être inséré dans les actes de l'état civil ; et dans le cas où elle est omise, cette insertion peut être réclamée par une action en rectification.

Un second système, soutenu avec beaucoup de talent par M. Lallier (1), et consacré par de nombreux arrêts de jurisprudence, refuse de voir dans le titre un élément du nom, et nie en conséquence la nécessité de son insertion dans les actes de l'état civil.

Voici plusieurs arrêts en ce sens :

« Les titres nobiliaires ne sont, dans l'état de nos lois et de nos mœurs, que de simples distinctions honorifiques, et ne constituent pas dans l'état civil des citoyens un de ces éléments caractéristiques qu'énumère l'article 34 du Code Napoléon, et dont il exige que tous les actes destinés à constater cet état civil contiennent l'indication »(Nîmes, 9 août 1860, D.P. 62.2.17 et suiv.).

(1) Voir J. A. Lallier, *De la propriété des noms et des titres.*

« Ce n'est qu'abusivement qu'on a pu, en matière
d'état civil, confondre le nom, bien commun, patrimoine collectif de tous les membres d'une même
famille, avec le titre, distinction particulière dont
certains d'entre eux peuvent se trouver investis »
(Nimes, même arrêt).

La Cour d'Agen (28 août 1860, S. 61.2.276.609)
s'est placée au même point de vue.

« Attendu que le titre se distingue clairement du
nom, dont il n'est pas une partie essentielle, puisqu'il
ne passe pas à tous les enfants, que le nom peut être
changé ou modifié, tandis que le titre restera le même,
et réciproquement, etc... »

Un arrêt de la Cour d'appel de Paris, en date du
2 janvier 1896, affirme également « que le titre ne
se confond pas avec le nom et ne forme pas avec lui
un tout indivisible ; que des règles particulières président à la transmission du nom qui passe avec le sang
à tous les descendants indéfiniment, sans distinction
de sexe, tandis que le titre ne se transmet qu'aux
descendants mâles, par ordre de primogéniture, suivant la loi de son origine » (Affaire de Montebello).
Ce système qui considère le titre comme indépendant
du nom aboutit à ces résultats : tous les enfants
d'une même famille n'y succèdent pas également. Le
titre est assujetti, relativement à son acquisition et à
sa transmission, à des règles distinctes et spéciales qui
puisent leur origine et leur consécration dans la tra-

dition, et qu'il faut encore appliquer de nos jours.
Il existe donc dans la législation actuelle, en matière
nobiliaire, un droit d'aînesse et de masculinité.

Les enfants naturels sont incapables de succéder
au titre. Quant aux enfants adoptifs, l'adoptant ne
leur transmet que le nom et pas le titre. Pour qu'ils
obtiennent celui-ci, il faut un décret du chef de l'État,
ce qui équivaut à une véritable concession.

Tel n'est pas l'avis de M. Levesque, qui appliquant
son principe, que le titre fait partie intégrante du
nom, soutient que l'adoption opère transmission du
titre, en vertu de l'article 347 du Code civil : « L'a-
doption conférera le nom de l'adoptant à l'adopté, en
l'ajoutant au nom propre de ce dernier. »

Pour nous, qui nous refusons à cette assimilation
et considérons les titres comme indépendants des
noms, voici les conclusions qui semblent se dégager.
Chaque titre reste soumis aux règles qui prési-
daient à sa dévolution à l'époque où il a été créé, et
aussi aux conditions particulières contenues dans
les lettres patentes de collation.

Ce serait aller trop loin que de prétendre avec
M. de Sémainville que toutes les règles de dévolution des titres doivent être observées. On doit s'abs-
tenir de les suivre quand leur application entraîne-
rait la violation des règles de transmission des noms.

Le titre n'est pas l'accompagnement obligé du
nom, mais il ne peut aller sans lui.

Le titre ne se transmettra que de deux manières, soit avec le nom qui lui sert de support, et dont il n'a pas été détaché, soit au profit d'une personne qui est déjà en possession de ce nom et que le titre va rejoindre.

Les titres modernes ne sont transmissibles qu'aux descendants mâles de leur premier possesseur, et ils ne seront jamais dévolus qu'au profit d'un héritier du nom qu'ils décorent. Quant aux titres anciens, ils ne peuvent être dévolus qu'aux personnes qui les auraient recueillis d'après l'ancien droit. En ligne directe, un titre passera à l'aîné des enfants mâles de son titulaire à l'exclusion des fils puînés et des filles.

De plus, malgré l'opinion contraire soutenue assez longtemps, il est permis aujourd'hui d'inscrire les titres nobiliaires dans les actes de l'état civil qui ne prouvent pas la noblesse, mais qui constatent la situation des familles. La loi de 1858 a implicitement consacré cette doctrine, et la jurisprudence s'est prononcée en faveur de cette opinion.

Une question d'un genre spécial a été soulevée durant ces dernières années, qui sans rentrer directement dans la matière des usurpations de titres, peut s'en rapprocher par quelques côtés. Il s'agissait de savoir si un titre de noblesse pouvait être commercialisé, de façon à devenir une propriété industrielle, par exemple une marque de commerce.

Le 6 avril 1836, le duc Napoléon de Montebello, Alfred de Montebello et Gustave de Montebello, tous trois fils du maréchal Lannes, premier duc de Montebello, fondèrent, sous la raison sociale Alfred de Montebello et Cie, une société pour l'exploitation du domaine de Mareuil-sur-Ay et la vente des vins de Champagne. Aux termes de l'acte constitutif, tous vins de la société devaient être marqués d'un cachet portant le titre et les armes du duc de Montebello. Il avait été stipulé au surplus, que cette marque et ce cachet déclarés propriété de la Société ne pouvaient jamais appartenir qu'à un membre de cette famille portant de son chef le nom de Montebello, ou à une société dont il serait le gérant. Cette société fut renouvelée et prorogée à diverses reprises et notamment le 17 février 1880, entre les descendants et représentants actuels des trois fils du maréchal Lannes, premier duc de Montebello.

Le chef actuel de la famille de Montebello est le jeune Napoléon Lannes, duc de Montebello. Or au nom de ce dernier, alors mineur, sa mère et tutrice, assistée de son mari (en secondes noces elle avait épousé M. de Juge), assigna par exploit du 29 juin 1889, les membres de la Société Alfred de Montebello et Cie, pour voir dire que cette société n'avait pas le droit de faire usage, dans sa marque de fabrique, du titre de duc de Montebello et des armoiries y attachées et voir déclarer nulle en tant que de besoin, toute clause contraire de l'acte de société.

Cette prétention fut accueillie par le tribunal de commerce de Reims (jugement du 19 juillet 1892) ; mais sur appel la Cour de Paris, par un arrêt du 2 janvier 1896 débouta Mme de Juge de sa demande. Les raisons invoquées pour justifier cette solution étaient les suivantes : « On ne saurait constater utilement le caractère licite et régulier de la marque créée en 1836 par la Société Alfred de Montebello. Il n'existe en effet aucun texte, aucun principe juridique interdisant à celui qui est titulaire d'un titre de noblesse de commercialiser ce titre, en même temps que son nom en les introduisant ensemble, comme éléments distinctifs dans les marques adoptées par lui ou par la société dont il fait partie, pour désigner les produits des marchandises livrées au public. En vertu d'une sorte de subordination entre le titre nobiliaire aujourd'hui dépouillé de tout privilège féodal et même de tout privilège de rang, et le nom patronymique, il est dû la même protection au titre qu'au nom ; on ne lui doit pas une protection spéciale et privilégiée.

« Les mêmes règles sont applicables à l'usage qu'un particulier, titulaire d'un titre de noblesse, peut faire de son titre et de son nom patronymique. En incorporant en 1836 à une marque de commerce son nom patronymique et son titre de duc avec les insignes de duc et pair, le duc de Montebello a dénaturé les titres et insignes dont il s'agit, de même que son nom patronymique, et en a fait un simple élément d'une marque de commerce : la marque ainsi créée constitue une propriété distincte du nom et du titre et se transmet suivant les règles établies pour les marques de commerce. Il s'agit uniquement de statuer sur l'usage et la transmission d'une marque de commerce et non de l'usage et de la transmission du titre de duc de Montebello et de ses insignes revendiqués par une tierce personne, cas auquel le jeune duc de Montebello aurait incontestablement le droit de protester contre une pareille entreprise, qui constituerait à son égard une véritable usurpation dommageable, prohibée par la loi. »

De cet arrêt, il résulte que le propriétaire d'un titre de noblesse peut commercialiser ce titre en même temps que son nom, et les introduire ensemble comme éléments distinctifs dans les marques adoptées par lui ou par la société dont il fait partie, pour désigner les marchandises ou produits livrés au public.

Un pourvoi en cassation fut formé contre cet arrêt par M. et Mme de Juge, et dans son audience du 25 octobre 1898, la Chambre civile, après un rapport de M. le conseiller Crépon, et la plaidoirie de Mᵉ Sabatier, avocat des demandeurs, rendit conformément aux conclusions de M. l'avocat général Desjardins un arrêt donnant gain de cause à M. et Mme de Juge et cassant la décision de la Cour de Paris.

« Attendu, y est-il dit, qu'on ne saurait confondre avec un nom patronymique qui a pour destination de désigner une personne, passe nécessairement et indéfiniment à tous les enfants sans distinction, un titre émané de la puissance souveraine destiné, non à désigner, mais à honorer celui auquel il a été conféré ;

« Que si les titres nobiliaires n'entraînent plus de privilèges d'aucune sorte, ils n'en doivent pas moins être maintenus dans le caractère qui leur a été donné à l'origine, en tant qu'il est compatible avec l'état social et dans les conditions de transmissibilité qui leur ont été imposées par l'acte de création.

. . . .

« Que les lettres patentes délivrées au maréchal Lannes, duc de l'Empire, en exécution du décret du 19 mars 1808, ordonnent que le titre de duc de Montebello et les insignes qui s'y rattachent seront transmissibles à la descendance directe légitime, naturelle ou adoptive, de mâle en mâle par ordre de primogéniture.

« Attendu qu'il résulte de ces actes émanés de la puissance souveraine (décret du 1er mars 1808, décret du 19 mars 1808), qu'à chaque transmission le bénéficiaire du titre auquel il échoit, non à cause de sa qualité d'héritier, mais en vertu de l'acte de collation, doit le recevoir tel qu'il a été créé, c'est-à-dire ayant conservé intact son caractère honorifique et par suite non engagé, comme dans l'espèce, dans une société de commerce dont, avec les insignes qui y sont attachés, ils constitueraient la marque. »

Donc la Cour de Cassation distingue clairement le titre du nom patronymique (c'est la confirmation de la thèse que nous avons développée précédemment) et de plus elle décide que si le nom peut entrer dans une marque de fabrique et de commerce et la constituer, il n'en est pas de même du titre qui ne peut pas être commercialisé, car il doit conserver le caractère honorifique qui lui a été donné à l'origine.

La troisième République n'a pas suivi jusqu'à présent l'exemple de celles de 1791 et de 1848 : depuis 1870, l'usage des titres anciens ou modernes est demeuré licite, et l'article 259 du Code pénal n'a été ni changé, ni abrogé : il est resté tel que l'ont formulé les législateurs de 1858. D'ailleurs ses dispositions ne sont plus guère appliquées.

Le Ministère public n'exerce jamais d'office l'action répressive de l'article 259, car il considère que sous un régime démocratique l'individu qui par vanité se pare d'un titre nobiliaire n'apporte pas grand trouble à l'ordre social.

Mais quand le titre ou le nom portés indûment appartiennent à un tiers et sont usurpés à son préjudice, ce tiers peut lui-même mettre l'action en mouvement (Voy. Dijon, 13 juillet 1881, Sir. 1884.

2.3). Ici il y a un intérêt privé lésé, ce qui justifie l'intervention.

Dans beaucoup de cas les poursuites judiciaires seraient inefficaces, et constitueraient une atteinte à la liberté civile. Les usurpations de titres, les prétentions nobiliaires commencent par être bouffonnes. On l'a dit très spirituellement : ces quasi-délits sont de la compétence de Molière.

Les choses changent si sur une simple usurpation de titre ou de nom viennent se greffer le faux et l'escroquerie : alors on poursuit vigoureusement ces actes coupables, et l'article 405 du Code pénal fournit des moyens suffisants de répression.

Mais l'opinion se refuse à demander l'application d'une peine, lorsqu'on se trouve seulement en présence d'une ambition exagérée, et qu'il n'y a pas dommage causé à autrui.

C'est ainsi que récemment la Cour d'assises du Pas-de-Calais, à l'audience du 30 octobre 1899 (affaire de Rosny, de Latteignant), acquittait deux accusés dont l'un, poussé par un sentiment d'affection paternelle, avait usurpé le titre de baron : il était persuadé que le tortil de baron pourrait assurer à ses enfants, un brillant avenir, et en particulier des alliances avantageuses ; dont l'autre (maire de sa commune) avait facilité à son ami les moyens de se procurer le blason convoité, en falsifiant un acte de naissance (1).

(1) Voir *Gaz. des Trib.*, numéro du 2-3 novembre 1899.

Ces faits étaient soumis à la Cour d'assises, car à l'usurpation d'un titre honorifique s'ajoutait un faux en écriture publique. Néanmoins, comme nous l'avons dit, l'acquittement fut prononcé.

Donc, aujourd'hui il est encore permis de faire usage de titres nobiliaires, et leur usurpation, quoique prévue par la loi, est très rarement réprimée.

On accepte les qualifications dont les individus sont plus ou moins légitimement en possession. Mais quelquefois les autorités municipales se montrent plus exigeantes vis-à-vis des titres que se donnent les personnes mentionnées dans les actes de l'état civil, et elles réclament à bon droit des pièces justificatives qu'il est parfois malaisé de leur fournir.

Le Président de la République a-t-il le droit de conférer des titres nobiliaires? Il est certain que ce droit qui appartenait au souverain sous les régimes monarchiques ne peut pas appartenir au chef d'un gouvernement républicain. Ce chef, élu seulement pour un temps, au lieu de créer entre les citoyens des distinctions, doit au contraire s'efforcer d'abaisser les barrières et de faire triompher l'égalité dans la liberté.

Notre Constitution contient une abrogation virtuelle de toutes distinctions nobiliaires : si en fait on ne porte pas atteinte à celles qui existent, ce n'est pas une raison pour en établir de nouvelles.

Le décret du 11 janvier 1872 qui transféra au

Conseil d'administration du ministère de la justice les attributions du Conseil du sceau, y mit cette réserve. Il pouvait accomplir « tout ce qui n'était pas contraire à la législation actuelle ».

Les décisions du Conseil sont rendues sous la forme de décrets, et il semble qu'il ne puisse prendre des mesures impliquant au profit du chef de l'État le pouvoir de conférer des titres.

Il est vrai que la loi du 20 novembre 1873, qui organisait le septennat, maintenait au Président de la République, le maréchal de Mac-Mahon, sa qualification de duc de Magenta. Mais, plus tard, dans la loi constitutionnelle du 25 février 1875, il était simplement désigné ainsi : M. le maréchal de Mac-Mahon.

On peut induire de là, qu'on considère le titre de duc comme implicitement contraire à l'essence même de notre organisation constitutionnelle. Aujourd'hui le chef de l'Etat doit s'interdire de conférer des titres nouveaux. Mais nous savons d'autre part que les titres existants peuvent être portés et transmis. Or il y avait des cas où la transmission ne s'opérait pas de plein droit, où des formalités étaient nécessaires. Le Président de la République peut-il aider au maintien d'un titre existant ?

Lorsque le Conseil d'administration fut organisé en 1872, il résolut de nombreuses questions de transmission et de régularisation de titres : et il excéda parfois son pouvoir. Cela se produisit quand, ne se bornant pas à confirmer un titre sur lequel le réclamant justifiait son droit de propriété, il reconnaissait un titre à un individu qui ne fournissait pas de preuve suffisante. Cela équivalait à la concession d'un titre nouveau. Depuis plusieurs années le Conseil d'administration délaisse volontairement la régularisation des transmissions de titres, et même les vérifications de titres.

Quand ces questions étaient traitées, le Président de la République pouvait faciliter, par son autorisation rendue sous forme de décret, la dévolution des titres existants, à la condition que des preuves sérieuses fussent fournies, car il s'agissait non pas de conférer de nouveaux titres, mais d'aider à la transmission régulière de titres conférés sous les régimes antérieurs, et ayant conservé une valeur légale.

Maintenant la dévolution des titres en ligne collatérale s'opère de plein droit, et on ne considère plus comme essentielles les formalités qui intervenaient à l'occasion de ces transmissions.

Quant à certaines transmissions, dont la régularisation suppose chez le chef de l'Etat le pouvoir de conférer des titres, elles sont devenues impossibles.

Plusieurs auteurs pensent au contraire que le Président de la République n'est pas incapable d'accorder à des individus des qualifications nobiliaires. M. Salveton (1) est de cet avis, et, pour l'établir, il invoque des arguments de texte et des considérations d'autre sorte.

Il prétend que le président a usé au moins une fois de ce droit, en accordant à un notable indigène de l'Inde française, le titre de Maharajah de Chandernagor (Maharajah signifie grand roi).

M. Batbie (2) semble également admettre cette faculté, mais il constate qu'en fait le gouvernement républicain n'en use pas et éprouve de la répugnance à créer de nouveaux titres.

Dans l'*Annuaire de la noblesse* (1871-1872, p. XIV), M. Borel d'Hauterive affirme qu'il n'y a jamais eu incompatibilité entre le régime républicain et la noblesse. Il montre la noblesse comme s'étant formée elle-même et n'ayant jamais eu de plus grande ennemie que la monarchie. Cependant il regarde la collation de titres par le Président comme impossible, car celui-ci n'a qu'une mission temporaire et ne peut jouir d'une prérogative appartenant à un souverain à vie.

Ce ne sont d'ailleurs que des opinions isolées : on regarde en général le chef du gouvernement républicain comme incapable de conférer des titres nouveaux.

Mais l'usage des titres anciens ou modernes est demeuré licite.

(1) Salveton, *Le nom*, p. 447 et suiv.
(2) Batbie, *Droit public et administratif*, t. II, p. 28.

Ce n'est pas à dire pour cela qu'à diverses reprises, il n'ait pas été question de les abolir.

Un vœu tendant à l'abolition des titres nobiliaires fut déposé au conseil municipal de Paris par MM. Chabert et Joffrin (en 1885 ou 1886). D'après la charte de 1830 (art. 62), le roi faisant des nobles à volonté, il semblait naturel de conserver les anciens. Cette raison, disait-on, ne peut plus être invoquée sous la République qui s'interdit d'accorder de nouvelles distinctions.

M. Beauquier, député, déposa en 1882 un projet de loi tendant à effacer de l'article 259 du Code pénal les pénalités édictées contre les usurpateurs de titres et de noms d'allure nobiliaire. Il proposait de ramener le texte de l'article 259 à la rédaction de 1832, c'est-à-dire de punir seulement le port illégal de costume, d'uniforme ou de décoration.

Un rapport favorable fut fait sur ce projet, et la commission chargée de l'examiner conclut par l'organe de M. Dionys Ordinaire à son admission. Elle avouait néanmoins qu'une pareille réforme était peu impatiemment attendue et qu'elle ne remédiait à un mal ni bien grave, ni très urgent (1).

Le fait est que la réforme ne fut pas votée. Le même M. Beauquier ne se tint pas pour battu et déposa un nouveau projet de loi le 26 novembre 1885.

(1) V. *Officiel*, 1882, *Documents parlementaires* ; Chambre, p. 456. *Ibid.*, p. 1302.

Voici la loi qu'il proposait :

« ART. 1ᵉʳ. — Les titres nobiliaires sont et demeurent abolis. Le décret de 1858 est abrogé : est également abrogé l'article 259 du Code pénal.

« ART. 2. — Sera puni d'une amende de 500 à 10.000 francs quiconque dans un acte public ou officiel aura pris un titre nobiliaire, ainsi que tout fonctionnaire ou officier public qui aurait fait usage d'une semblable qualification. »

Faisons remarquer que certains termes de ce projet sont inexacts : en 1858 intervint non un décret mais une loi qui modifia l'article 259 du Code pénal ; de plus, ce second projet est beaucoup plus radical que le premier, présenté par le même député. Il ne s'agit pas de ne plus réprimer l'usurpation des titres, mais l'abolition des titres de noblesse est demandée, ainsi que la punition de leur emploi public même justifié.

C'est un retour vers la législation révolutionnaire de la fin du siècle dernier. Ce projet dort encore dans les cartons de la Chambre des députés ; car il n'a pas été discuté publiquement.

En 1882, M. Laroche-Joubert avait émis une proposition d'un autre genre. Il ne demandait pas l'abolition des titres de noblesse, bien au contraire, il prétendait faire de ces titres une source de revenu pour l'État, et ainsi alimenter le budget, à l'aide de la vanité. Chacun eût été libre de prendre des titres d'après sa fantaisie, moyennant le paiement d'un

impôt proportionné à l'importance du titre que l'on
se serait attribué.

Une proposition de loi, ayant pour objet d'établir
des pensions viagères en faveur des ouvriers agricoles indigents et infirmes, au moyen d'un impôt sur
les titres nobiliaires et sur les armoiries, fut présentée à la Chambre des députés par M. Borie dans la
séance du 2 mars 1889.

Au nom de la 29ᵉ commission d'initiative parlementaire chargée d'examiner cette proposition de
loi, M. Raymond Poincarré demanda à la Chambre
de ne pas la prendre en considération.

« Plusieurs des membres républicains de la commission, écrit-il dans son rapport, ont fait remarquer
qu'au lieu de confirmer l'article 259 du Code pénal
et de rendre une force nouvelle à la loi du 28 mai
1858, il vaudrait mieux abroger des dispositions
surannées ; qu'au lieu de protéger les anciennes qualifications nobiliaires, il conviendrait de ne plus
leur reconnaître le caractère légal et de ne plus en
admettre l'insertion dans les actes de l'état civil ;
que l'application fantaisiste de l'Ordonnance du
25 août 1817 jetait le trouble le plus fâcheux dans
la transmission des noms patronymiques ; que la
proposition de M. Borie, loin de remédier à cet état
de choses, viendrait l'aggraver encore et qu'en réalité, sous des apparences égalitaires et démocratiques, elle aboutissait à la consécration officielle de
l'aristocratie et de l'inégalité.

« M. le vicomte de la Bourdonnaye, au nom de ses amis de la droite et au sien, a, de son côté, déclaré qu'à leurs yeux la proposition avait l'inconvénient de frapper, en même temps et de la même manière, les titres usurpés et les distinctions acquises en récompense de services rendus (1). »

Dans la séance du 23 octobre 1890, M. Emile Moreau, député, déposait à son tour une proposition de loi sur l'usage des titres de noblesse. Dans son exposé des motifs, il proteste avec force contre cette sorte d'anachronisme politique qui, dans une société où tous les privilèges de l'ancienne aristocratie féodale ont été anéantis, laisse néanmoins subsister des dénominations honorifiques qui en perpétuent le souvenir. Mais convaincu, d'autre part, qu'on ne saurait du jour au lendemain réformer des mœurs fondées sur la vanité, il conçoit l'idée de faire tourner au profit de l'Etat ces pratiques surannées, et de prélever la dime de l'orgueil sur les vestiges d'un passé odieux. Dans ce but il propose en premier lieu d'abolir tous les titres et signes nobiliaires, en second lieu de les rétablir en faveur des personnes disposées à payer annuellement une taxe fiscale graduée selon l'importance de la qualification aristocratique choisie. Enfin il attribue aux communes le droit de décerner ces titres.

(1) V. *Journal officiel*, 1889 ; Chambre, *Documents*, session ordinaire, p. 582 et 768.

Le projet contenait 15 articles dont le dernier était ainsi conçu :

Art. 15. — « Aucun fonctionnaire, magistrat, officier de l'ordre civil ou militaire, ne peut faire usage de titres nobiliaires dans l'exercice de ses fonctions. Toute contravention à cette prescription entraîne de plein droit, la révocation. »

La 9e Commission d'initiative parlementaire fut chargée d'examiner cette proposition de loi et dans un rapport sommaire fait en son nom par M. Gotteron, celui-ci, après avoir reconnu « que les distinctions nobiliaires étaient en contradiction formelle avec le régime républicain », et gémi sur les usurpations d'état civil qui se commettaient impunément chaque jour, malgré les dispositions rigoureuses d'une loi pénale qui restait lettre morte, conclut que la proposition de M. Moreau aggraverait cet état de choses et jetterait la perturbation dans les relations sociales. En conséquence, il demanda à la Chambre de ne pas prendre en considération cette proposition (1).

Quoi qu'il en soit de tous ces projets, aucun pas n'a été fait, et nous en sommes restés, relativement aux titres nobiliaires à la situation que nous exposions plus haut : Malgré notre constitution démocratique, on n'a pas proscrit chez nous l'emploi des titres, et

(1) V. *Journal officiel*, 1890, Chambre, *Documents*, session extraordinaire, p. 331 et 505.

même les barons, les comtes ou les marquis sont plus nombreux que jamais. Et cependant le Président de la République en raison de sa qualité, ne confère aucuns titres nouveaux. De plus l'article 259 du Code pénal subsiste tel que l'a modifié le législateur de 1858, et ainsi la répression des usurpateurs de titres nobiliaires est toujours possible en droit, quoique reléguée en fait dans l'arsenal des armes rouillées ou inutiles.

Avant d'exposer dans un chapitre qui nous servira de conclusion comment les titres nobiliaires nous paraissent devoir être traités sous une Constitution républicaine, nous devons, dans une section spéciale, traiter la question si importante pratiquement de la compétence en matière d'usurpation de titres et de noms honorifiques.

Puis nous dirons quelques mots sur la noblesse étrangère.

SECTION III. — Compétence en matière d'usurpation de titres et de nom.

Il ne suffit pas de déterminer les cas dans lesquels il y a usurpation de titres ou de nom, de connaître les conditions du délit prévu par l'article 259 du Code pénal et les pénalités édictées par la loi contre ceux qui s'en rendent coupables, il faut encore préciser la juridiction chargée d'appliquer le droit au

fait, en un mot traiter de la compétence. C'est une
des faces importantes de la question, et l'un des
points qui ont donné lieu à de célèbres controverses.
Nous diviserons notre sujet en deux paragraphes,
le premier, relatif à la compétence en matière de
titres nobiliaires, le second relatif à la compétence
en matière de noms honorifiques.

§ 1ᵉʳ. — De la compétence en matière d'usurpation de titres nobiliaires.

Un individu a pris publiquement, et sans y avoir
droit, le titre de baron, comte, duc, marquis, qu'il a
ajouté à son nom patronymique : c'est bien le délit
prévu par l'article 259 du Code pénal. Alors plusieurs actions peuvent être intentées contre lui :
d'abord l'action même en usurpation de titres, puis
une demande en rectification d'actes de l'état civil,
enfin une action en revendication de titres.

La première, action en usurpation de titres, est
l'œuvre soit du ministère public, soit d'un particulier dont on s'est emparé à la fois du nom et du titre.
La juridiction répressive est saisie, et le tribunal
correctionnel est appelé à statuer sur les faits de
publicité, et parfois également sur le droit au titre.
La seconde et la troisième, action en rectification
d'actes de l'état civil et action en revendication de
titres, sont portées devant le tribunal civil, pour
obtenir soit la suppression ou l'addition d'un titre

dans un acte de naissance ou autre, soit l'attribution à un plaideur, à l'exclusion de son adversaire, d'une qualification nobiliaire.

Dans ces cas différents, c'est toujours l'autorité judiciaire qui est saisie, mais tantôt on choisit la voie civile, le tribunal de première instance, tantôt la voie répressive, le tribunal correctionnel.

Il est évident que, s'il s'agit de l'usurpation d un titre impliquant une distinction honorifique, il y a délit, et que par là même la juridiction correctionnelle est seule compétente pour se prononcer sur l'existence ou l'inexistence du délit.

Mais où s'arrêtera la compétence du tribunal correctionnel ? Qui déterminera si la personne à laquelle la prévention reproche d'avoir pris un titre sans droit a ou n a pas droit à ce titre ?

Distinguons sur ce point plusieurs hypothèses :

1° La personne poursuivie ne présente aucune justification : elle est convaincue de l'infraction à elle reprochée ; alors notre question ne se pose pas, l'usurpation est flagrante et le juge correctionnel prononce la peine établie contre le coupable.

2° L'inculpé justifie de son droit au titre par un acte régulier qu'il n'y a pas lieu de vérifier ; dans ces conditions on reconnaît au tribunal correctionnel le pouvoir d'en déclarer l'existence dans les motifs de sa décision pour prononcer un acquittement.

Nous verrons que cet acquittement interviendrait

forcément au cas où une vérification favorable à la prétention du prévenu aurait été opérée à la suite d'un sursis.

3° L'inculpé établit sa bonne foi, sans vouloir engager la question de propriété. Le juge correctionnel est encore compétent pour se prononcer sur cette exception de fait (1).

4° Lorsque le prévenu se fondant sur des actes ou titres, ou sur des faits de possession, en apparence conformes à sa prétention, soulève une question préjudicielle de propriété du titre, le tribunal correctionnel n'a pas qualité pour la résoudre. A qui s'adresser pour le jugement de cette question préjudicielle? aux tribunaux civils, ou bien à l'autorité administrative?

Remarquons que la même question de détermination de compétence se pose soit à l'occasion d'une action en rectification d'acte de l'état civil, soit à l'occasion d'un procès en revendication de titre engagé entre particuliers. Dans ces deux dernières hypothèses, on se demande si la juridiction civile primitivement saisie doit déclarer elle-même le droit au titre.

Quatre opinions se sont produites sur le point qui nous occupe, deux opinions absolues, et deux opinions intermédiaires.

_____

(1) V. Cass., 31 mai 1862 (D. 64.1.451-452).

Un premier système soutient que les tribunaux de droit commun sont compétents pour connaître de toutes les questions de droit relatives aux titres ; quand il s'agit de conférer un titre honorifique on doit sans doute s'adresser à l'autorité administrative, mais pour tout le reste, on revendique l'intervention de l'autorité judiciaire qui peut déclarer la préexistence du droit au titre, soit qu'il s'agisse d'apprécier des faits de possession et leurs conséquences, genre de preuve autorisé quand on se trouve en présence de titres antérieurs à 1789 ; soit qu'on se trouve dans la nécessité de résoudre, sur la production d'un acte de concession, des questions de transmissibilité dans la famille ou de dévolution entre les diverses branches de la même famille.

Ce système a été soutenu dans différents arrêts : V. Agen, 28 décembre 1857 (D. 59.2.90) ; Colmar, 15 mai 1860 (D. 60.2.142) ; Agen, 26 juin 1860 (D. 60.2.141) ; Metz, 31 juillet 1860.

D'après ces arrêts, les tribunaux civils sont compétents pour prononcer sur une reconnaissance de titres, lorsque cette reconnaissance a pour objet la rectification d'erreurs ou d'inexactitudes commises dans la rédaction d'actes de l'état civil. Ils peuvent ordonner une rectification d'actes de l'état civil, sans qu'on objecte que les titres ne sont pas partie intégrante et substantielle du nom, le titre en étant un complément dont l'omission doit être réparée.

Suivant un second système diamétralement opposé, les tribunaux sont incompétents pour statuer
sur la réclamation d'un titre honorifique, alors même
que ce titre serait établi par un acte de concession
ou de confirmation régulier. Cette solution est pré-
conisée principalement quand le réclamant demande
l'insertion de son titre dans un acte de l'état civil
par voie de rectification, car le titre se distingue
clairement du nom et ne doit pas faire partie du nom
que les actes de l'état civil sont destinés à constater.

Citons à l'appui de cette opinion les décisions de
Nîmes, 9 août 1860 (D. 62.2.17); d'Agen, 28 août
1860 (D. 60.2.20); de Toulouse, 12 juillet 1862
(D. 62.2.124).

La compétence appartient sur ces questions à l'autorité administrative. Nous dirons plus loin comment
est organisée cette autorité administrative.

La Cour de Besançon, le 6 février 1866 (D. 66.
2.14) a aussi décidé dans ce sens :

« Que le Conseil du Sceau est seul compétent pour
statuer sur toutes les questions relatives à la vérification, à la reconnaissance et à la confirmation des
titres nobiliaires, et que les tribunaux ne peuvent
en connaître sans excès de pouvoir, lors même que
la partie intéressée refuserait de saisir ce Conseil,
et renoncerait au sursis qui lui est proposé dans ce
but. »

La conséquence qui en résulte, est qu'en pareil

cas, l'examen du titre forme une exception préjudicielle entraînant forcément sursis, et que les tribunaux doivent impartir, avant faire droit, un délai pour saisir la juridiction compétente, sauf à ordonner plus tard telles mesures qu'ils jugeront convenables, faute de diligence dans le délai fixé.

Tout en proclamant le même principe, à savoir la compétence exclusive du chef de l'Etat, éclairé par l'avis du Conseil d'administration du Ministère de la justice qui a remplacé le Conseil du Sceau, et qui doit connaître des questions relatives à la collation, à la reconnaissance ou à la vérification des titres nobiliaires, la Cour de Cassation, par arrêt du 10 novembre 1897 (Pourvoi Dreux-Brézé) (1), ne tire pas la même conséquence, et décide que, si l'autorité judiciaire n'a pas à statuer sur ces questions, elle n'a pas davantage à surseoir jusqu'à la décision à intervenir, ni à impartir un délai au demandeur pour obtenir une décision du chef de l'Etat, passé lequel délai elle statuerait elle-même, car elle est incompétente sur le fond même *ratione materiæ*.

Puisque nous évoquons cette affaire de Dreux-Brézé, examinons-en les suites depuis ce jugement de la Cour de Cassation qui n'était lui-même que la confirmation de l'arrêt de la Cour d'appel d'Angers en date du 29 juin 1896, arrêt par lequel elle se dé-

(1) V. *Gaz. des Tribunaux*, 11 novembre-18 décembre 1897.

clarait incompétente sur la question de savoir si Robert de Dreux qu'elle reconnaissait avoir droit au nom de Dreux-Brézé, pouvait prétendre légalement au titre de vicomte. Le marquis de Brézé, qui voulait que son neveu s'entendit faire défense de porter le titre de vicomte de Brézé ou de vicomte de Dreux-Brézé, ne fut pas satisfait de cette solution. Par l'intermédiaire d'un référendaire au sceau, il adressa une requête au Ministre de la justice pour qu'il fût déclaré, après avis du Conseil d'administration du ministère : que le requérant était en légitime possession du titre héréditaire du marquis de Brézé conféré à son grand-père, ancien pair de France, par lettres patentes du 9 décembre 1817 : qu'en vertu du principe de l'indivisibilité des titres nobiliaires, il avait droit de s'opposer à ce que Robert de Dreux prît le titre de vicomte de Brézé, lequel n'était qu'un démembrement de son propre titre, et de faire défense à Robert de Dreux de porter le titre de vicomte de Brézé ou de vicomte de Dreux-Brézé, sous peine de tels dommages-intérêts que de droit.

Le Conseil d'administration du Ministère de la justice émit un avis portant qu'il n'a pas de pouvoir en matière contentieuse. Il n'a compétence que pour examiner les demandes formées par les intéressés à l'effet d'obtenir la collation ou la reconnaissance des titres de noblesse, et de faire, sur la suite à donner à ces demandes, des propositions au Ministre et au chef de l'État. Il n'est pas investi d'un pouvoir de juridiction, et il ne peut être saisi par un tiers de la question de savoir si Robert de Dreux a droit ou non au titre de vicomte.

Le marquis de Brézé, en recevant notification de cet avis, pensa que celui-ci d'un côté, et l'arrêt de la Cour d'Angers de l'autre comportaient deux déclarations d'incompétence, et constituaient un conflit négatif.

Il adressa une requête en règlement de compétence et le tribunal des conflits acceptant cette requête prit la décision suivante dans la séance du 17 juin 1899 sous la présidence de M. Dareste, après avoir entendu le rapport de M. Marguerie et les plaidoiries de M° Sabatier et de M° Devin :

. . . .

« Considérant que si l'autorité judiciaire est incompétente pour vérifier les titres de noblesse, il lui appartient néanmoins de connaître des actions fondées sur de prétendues atteintes aux droits pouvant résulter pour ceux qui les ont obtenus, des titres de noblesse régulièrement conférés :

« Décide :

« La cause et les parties sont renvoyées devant la Cour d'appel d'Angers pour être statué au fond sur la demande du marquis de Brézé tendant à ce qu'il soit fait défense à Robert de Dreux-Brézé de porter le titre de vicomte à peine de dommages-intérêts. »

Il résulte de ce jugement que le tribunal des conflits estime, qu'une fois un titre vérifié et reconnu par l'autorité administrative, il appartient aux tribunaux de droit commun d'en tirer toutes les conséquences juridiques.

On repoussait donc le système de l'incompétence absolue, *ratione materiæ*, soutenu par l'arrêt du 10 novembre 1897. Ce n'était pas d'ailleurs la première fois que la Chambre des requêtes statuait en ce sens.

Déjà le 14 mars 1865, la question s'était posée devant elle sous cette forme : les tribunaux ordinaires étaient-ils compétents au fond (après que toutes les questions administratives auraient été résolues par le Conseil du sceau) pour décider « si les sieurs de Carné pouvaient ajouter à leur nom patronymique le titre de marquis de Coëtlogon ».

Elle décida (Dalloz, 1866.1.266) :

« Attendu qu'il n'appartient nullement à l'autorité judiciaire de connaître des demandes en collation, confirmation, reconnaissance ou vérification des titres nobiliaires : que la solution de pareilles questions appartient tout entière au souverain éclairé par la délibération et l'avis du Conseil du sceau des titres ; que, de même qu'elle n'avait pas à statuer, elle n'avait pas non plus à surseoir jusqu'à la décision à intervenir, puisque c'était par rapport au fond qu'elle était incompétente ; que si Coëtlogon ne prévut pas de conclusions à ce sujet, le juge du fond, du moment qu'il reconnaissait son incompétence *ratione materiæ*, devait la déclarer d'office ;

Rejette... etc. »

M. Dalloz a critiqué cette jurisprudence (1) : « Un arrêt de la Chambre des requêtes, écrit-il, a repoussé le système du sursis, et décidé que, dans une contestation soulevée entre deux personnes sur la propriété d'un titre, il y a lieu non à sursis, mais à une déclaration pure et simple d'incompétence. Mais il est difficile d'expliquer cette décision qui rendrait impossible au légitime détenteur d'un titre, d'en interdire jamais l'usage à un tiers. »

Nous voyons donc que la Chambre des requêtes est restée fidèle à sa théorie, et a continué d'affirmer l'incompétence radicale des tribunaux judiciaires en matière de titres et de refuser tout sursis.

A côté de ces deux systèmes absolument opposés, l'un qui accorde aux tribunaux ordinaires une compétence absolue sur toutes les questions soulevées en matière de titres, l'autre qui les proclame absolument incompétents, deux opinions intermédiaires ont trouvé place.

La première de ces opinions soutient la compétence de l'autorité judiciaire pour déclarer la préexistence de tout droit à un titre honorifique, lorsque

---

(1) V. Dalloz, *Suppl.*, *Rép.*, Vᵒ *Noblesse*, nᵒ 47.

les tribunaux n'auront qu'à constater une possession constante. Leur compétence cesse si le débat soulève des questions de noblesse, par exemple des questions d'interprétation de l'acte de concession, ou relatives aux conséquences légales des titres au point de vue de leur transmissibilité : tout cela est du domaine de l'autorité administrative. Dans ces limites se trouve donc renfermée la compétence des tribunaux civils à l'égard notamment des demandes en rectification d'actes de l'état civil, et aussi la compétence des juges correctionnels chargés de réprimer une usurpation de titres.

La Cour de Rouen (arrêt du 18 mars 1861, Dall., 1862.2.18) a reconnu la compétence des tribunaux « pour ordonner par voie de rectification des actes de l'état civil, le rétablissement d'un titre qui y aurait été omis par erreur, non seulement au cas de production d'un acte de collation régulier, mais dans tous ceux où, pour réparer l'omission, ils n'ont qu'à constater une possession constante, et à reconnaître des faits ou des titres qui ne peuvent donner lieu à aucune contestation. »

La compétence était exclue, « si pour arriver à la rectification demandée, il fallait examiner et juger des questions de transmission valable des titres de noblesse, de dévolution régulière de ces titres d'une branche à l'autre de la famille, ces questions étant du ressort exclusif de la Commission du sceau des titres rétablie par le décret du 8 janvier 1859 ».

Dans le même sens, citons un arrêt de la Cour de Metz en date du 31 juillet 1860 (D. 60.2.137). « Le gouvernement peut seul, après avoir entendu le Conseil du sceau, conférer des titres ou reconnaître leur légitimité, mais il appartient aux tribunaux de vérifier en fait ce qu'était avant la naissance d'un individu, l'état civil de sa famille pour lui rendre cet état intact et dégagé des omissions provenant de l'erreur ou de la négligence des personnes qui ont rédigé les actes de l'état civil ou fait les déclarations sur lesquelles les actes ont été rédigés. Il incombe aux tribunaux de faire cette vérification, notamment pour statuer sur la demande formée par un fils à l'effet d'obtenir que, dans son acte de naissance, son père soit désigné sous le titre de marquis inscrit dans l'acte de naissance de ce dernier, cette demande étant ou pouvant être un premier acheminement vers la confirmation administrative du titre à insérer sauf au gouvernement à statuer définitivement sur la légalité du titre dont les tribunaux auront reconnu la possession de fait, et à appliquer ainsi le droit au fait. »

Un arrêt récent du 26 octobre 1897 rendu dans une affaire de Lamolère (V. Dall., 97.1.584) admet également que les tribunaux ordinaires peuvent ordonner la rectification d'un acte de l'état civil, tendant à l'adjonction d'un titre, même en l'absence d'un acte de collation ou de confirmation régulier

lorsqu'ils n'ont pour réparer l'omission, qu'à déclarer un état préexistant, à constater une possession constante, à reconnaître des titres ou des
faits incontestés. Une décision du Conseil d'administration établi près le Garde des sceaux n'est donc
point, en pareille matière, le prélude nécessaire
d'une rectification. Les tribunaux peuvent se baser
sur les faits de possession, sur les papiers de famille,
sur les actes de l'état civil. Ils doivent seulement
renvoyer les réclamants à se pourvoir devant l'administration dans le cas où il s'élève une contestation sur le droit de porter le titre, et où il y a à juger une question de validité, de transmission ou de
dévolution du titre.

Nous avons annoncé une seconde opinion intermédiaire. Comme le système précédent, celui-ci distingue entre le cas de production d'un titre régulier
et le cas de non-production. Mais il s'en sépare pour
déduire les résultats.

Il refuse toute compétence à l'autorité judiciaire
pour suppléer par la possession à l'acte de collation
ou de reconnaissance du titre. Cet acte doit être repré-
senté. S'il est produit, la juridiction civile a le droit
de statuer, d'après la législation, sur les difficultés
concernant sa transmissibilité et sa dévolution.

Cette opinion ressort de nombreux arrêts, en
particulier des arrêts de la Chambre civile de la Cour
de Cassation, en date du 1er juin 1863 et du 15 juin
de la même année (V. Dall., 1863.1.216.317).

Le 1ᵉʳ juin 1863, il fallait statuer sur le pourvoi
formé contre l'arrêt de Metz de 1860 cité précédemment (affaire de Marguerie). Il fut déclaré que :
« lorsqu'il s'agit d'insertion dans un acte de naissance d'un titre omis, les tribunaux sont compétents
pour ordonner cette insertion parce que si ce titre
ne fait pas partie intégrante du nom, il en est un
complément utile à la constatation de l'identité de
celui qui le porte.

« Mais ils n'ont le pouvoir de statuer qu'après
justification préalable d'un acte régulier de collation
ou de confirmation intervenu conformément aux
dispositions du décret du 8 janvier 1859. »

L'arrêt de Metz était donc cassé parce qu'il avait
jugé la demande recevable en l'état, alors que de
Marguerie, voulant faire insérer le titre de marquis
entre les prénoms et le nom patronymique de son
père, ne produisait aucun acte de collation ou de
confirmation de ce titre, mais simplement des papiers
de famille, et une articulation de faits de possession.

L'arrêt du 15 juin 1863 est plus décisif encore :
nous y lisons : « Sur le moyen, pris de la violation
du principe de la séparation des pouvoirs et de la
règle : *Ejus est interpretari cujus est condere ;*
Attendu qu'à l'autorité judiciaire seule, il appartient
de décider si, d'après les titres produits et la législation tant espagnole que française, les demandeurs
en cassation ont droit à la grandesse d'Espagne et

au titre de duc de Brancas, et de prescrire, s'ils n'ont pas ce droit, les mesures nécessaires pour les empêcher de s'en prévaloir en France. » Par exemple, en cas d'inexistence de ce droit, les tribunaux ordonneraient de faire disparaître les mentions du titre dans les actes publics où elles se trouveraient ou interdiraient de les prendre à l'avenir.

Cette décision est formelle : on y affirme la compétence des tribunaux ordinaires, quand il y a production régulière d'acte ou de titre.

Nous citerons d'autres arrêts.

La Cour de Rennes, le 13 juin 1864 (D. 65.2.137) exige également la production d'un acte régulier : « Il n'appartient pas aux tribunaux de statuer sur une réclamation ayant pour objet un titre honorifique quelque important que puisse être l'ensemble des faits de possession sur lesquels elle s'appuie, alors que le réclamant ne représente ni un acte de collation, ni aucun autre acte récognitif ou confirmatif émanant de l'autorité souveraine. »

Si, au lieu d'une demande en rectification d'actes de l'état civil, nous nous trouvons en présence d'une action en usurpation des titres, la règle est la même.

Il a été décidé en effet (Crim. c., 27 mai 1864, D. 64.1.452), que, dans le cas de poursuites correctionnelles pour usurpation de titres, le juge de répression n'a pas le pouvoir d'apprécier de simples faits de possession invoqués par le prévenu comme justification de son droit au titre qu'on lui reproche d'avoir pris illégalement ; il doit accorder un sursis jusqu'à la vérification administrative de ce titre. En statuant, malgré cela, le tribunal excéderait ses pouvoirs et empiéterait sur ceux du souverain et du Conseil du sceau des titres.

Cette opinion intermédiaire de la Cour de Cassation, à savoir que les tribunaux ordinaires sont compétents pour statuer en matière de titres nobiliaires, lorsqu'un acte régulier de collation ou de vérification a été produit, nous paraît très logique, et nous n'hésitons pas à nous y rallier.

Nous n'acceptons pas un arrêt de la Cour d'assises de la Moselle du 28 novembre 1866 (D. 66.2.226) qui nous semble aller trop loin en déclarant « que si la production d'un acte régulier de collation ou de confirmation est indispensable, c'est néanmoins par voie de vérification administrative que doivent être résolues les difficultés relatives à la transmissibilité du titre, notamment en ligne collatérale ».

Mais nous affirmons l'incompétence absolue des tribunaux civils pour connaître de la collation des titres nobiliaires.

Ce serait en effet un grave excès de pouvoir commis par eux, s'ils autorisaient une partie, dans un procès relatif à un nom patronymique contesté, à ajouter un titre au nom reconnu (Paris, 4 décembre 1863, D. 64.2.12. Sur pourvoi, Req., 14 mars 1865, D. 66.1.266).

Dans ce cas, comme elle est incompétente sur le fond même de la demande, la juridiction civile doit rejeter cette dernière purement et simplement sans surseoir à statuer jusqu'à la vérification administrative du titre réclamé.

La Chambre criminelle de la Cour de Cassation (Cr. r., 3 juillet 1875, D. 75.1.494) ne voit pas une violation de la règle qui établit l'incompétence de l'autorité judiciaire pour conférer un titre, lorsqu'un tribunal, à l'occasion d'une action en diffamation fondée sur une imputation d'usurpation d'un titre honorifique, se borne à exprimer dans les motifs de sa décision que le demandeur est réellement investi de ce titre.

Si l'on envisage le titre non pas *in abstracto*, mais *in concreto*, c'est-à-dire dans sa relation avec le nom auquel il s'ajoute comme complément pour mieux déterminer l'identité de la personne, un débat sur des titres honorifiques peut être l'objet d'une action privée devant la juridiction civile.

Alors, dans ce débat on fera l'application aux questions qui se présenteront, des règles que nous venons d'établir sur la compétence respective des tribunaux civils et de l'autorité administrative. Ainsi un jugement de Paris du 30 mai 1879 (D. 79. 2.137) déclare « que la juridiction civile est incompétente pour interdire, sur la demande d'un particulier, le port d'un titre revendiqué par celui-ci comme s ajoutant à son nom et que la chancellerie a déclaré ne pas exister au profit de l'autre partie qui le prenait indûment ».

Pour nous résumer sur la question de la compétence de l'autorité judiciaire pour décider si la personne à laquelle on reproche d'avoir pris sans droit un titre, a ou n'a pas droit à ce titre, nous dirons : répudiant tous les systèmes autres que le dernier exposé, nous admettons la compétence des tribunaux ordinaires à juger toutes les questions nobiliaires, à condition qu'un acte régulier de collation ou de confirmation leur soit présenté.

Ils peuvent tirer les conséquences juridiques des titres nobiliaires dûment reconnus par le Conseil d'administration du Ministère de la justice ou non contestés (Amiens, 24 décembre 1890).

Si aucune production de titre régulier n'est faite, ou si le titre présenté est contesté, alors il y a une question préjudicielle que ne doit trancher ni le tribunal civil, ni le tribunal correctionnel. C'est à l'autorité administrative seule qu'il appartient d'intervenir.

« Le Conseil du sceau (aujourd'hui remplacé) est seul compétent pour statuer sur toutes les questions relatives à la vérification, à la reconnaissance et à la confirmation des titres, et les tribunaux ordinaires ne peuvent en connaître sans excès de pouvoir lors même que la partie intéressée refuserait de

saisir ce Conseil et renoncerait au sursis proposé
dans ce but.

« L'examen du titre, d'après la Cour de Besançon
(6 février 1866, D. 66.2.14) forme donc une exception préjudicielle entraînant forcément sursis et les
tribunaux doivent impartir, avant faire droit, un délai pour saisir la juridiction compétente, sauf à ordonner plus tard telles mesures qu'ils jugeront convenables, faute de diligence dans le délai fixé. »

Les limites dans lesquelles peuvent agir les deux
pouvoirs, administratif et judiciaire, sont bien fixées
ainsi, et loin de se contrarier ceux-ci se complètent
à merveille et répondent parfaitement au but qui leur
est assigné.

Pour bien préciser notre pensée, reproduisons ces
paroles prononcées dans l'affaire de Montebello, le
25 octobre 1898, par M. l'avocat général Desjardins, pour prouver à la Chambre civile de la Cour de
Cassation qu'elle était compétente.

Après avoir tracé, comme nous venons de le faire
nous-mêmes, l'historique de la jurisprudence sur cette
question, il s'écriait (1) :

« En thèse, pourquoi les propriétaires de titres
nobiliaires seraient-ils dépouillés de la suprême garantie que la loi donne à tous les propriétaires?
Pourquoi l'accès des tribunaux ordinaires composés

____

(1) V. *Gaz. des Trib.*, 5 nov. 1898.

de juges inamovibles leur serait-il fermé? La propriété d'un titre est aussi respectable que celle d'un
nom ou d'une terre. Est-ce que d'aventure un simple
décret, le décret impérial du 8 janvier 1859, les aurait
dépouillés de cette garantie suprême, dessaisissant
les tribunaux de droit commun, assignant à leur
compétence des bornes que le législateur seul aurait
pu poser?

« Lisez donc les articles 6 et 7 de ce décret qui déterminent les attributions du Conseil du sceau :

« Ce conseil, y lit-on, délibère et donne son avis :
1° sur les demandes en collation, confirmation et reconnaissance de titres, que nous aurons renvoyées à
son examen ; 2° sur les demandes en vérification de
titres » (Art. 6).

« Toute personne peut se pourvoir auprès de notre
garde des sceaux pour demander la vérification de
son titre par le conseil du sceau » (Art. 7).

Les demandes en collation ont pour but d'obtenir
un titre nouveau, les demandes en reconnaissance de
lever des doutes sur l'existence d'un titre déjà concédé ; les demandes en vérification de réparer ce qui
peut être incomplet ou insuffisant dans une collation antérieure, les demandes en vérification de discerner l'authenticité de certaines pièces et la sincérité
de certains actes. C'est une besogne purement administrative qu'on donne à ce corps administratif.
Toutes les conséquences légales à tirer de l'existence

des titres nobiliaires, dûment reconnus, les corps
judiciaires, seuls, peuvent et doivent les tirer. »

La compétence des tribunaux ordinaires une fois
fixée, recherchons les personnes qui auront le droit
de déférer à la justice civile ou au tribunal correctionnel l'usurpation d'un titre.

Parlons tout de suite de l'action en usurpation de
l'article 259 du Code pénal, devant le tribunal correctionnel. Pour qu'un tiers puisse exercer une
action quelconque, il faut qu'il justifie d'un intérêt
qui le pousse. Pas d'intérêt, pas d'action, voilà le
principe. Or si l'on se trouve en présence d'un titre
considéré *in abstracto*, c'est-à-dire considéré *in se*
et abstraction faite du nom auquel il se rattache, il
est bien certain que, ce titre ne pouvant pas être la
propriété exclusive d'une personne, ce tiers n'aura
pas plus à sa disposition l'article 259 du Code pénal,
qu'une action en rectification ou une action en revendication.

Par exemple je sais qu'un individu a pris indûment
dans un acte public, le titre de marquis ou de duc,
titre que moi-même je porte en vertu d'un acte régulier de collation; il ne me sera pas possible de tra-
duire cet individu pour usurpation devant le tribunal
correctionnel. Dans ce cas le Ministère public, gardien de l'ordre social, peut seul agir et poursuivre le
coupable. Celui-ci quelquefois répondra par une demande reconventionnelle tendant à prouver que le

titre lui a été légalement conféré ou qu'il lui a été
régulièrement transmis.

Quand le droit est douteux, avant de poursuivre,
le Ministère public avertit généralement la personne
intéressée afin que celle-ci régularise sa position et
évite l'assignation en justice. Si elle a été citée en
police correctionnelle sans avoir été avertie, ou si
malgré l'avertissement, elle néglige de faire les dé-
marches nécessaires, elle peut obtenir un sursis
pour se pourvoir soit devant l'autorité administrative, soit devant le tribunal civil.

Le Ministère public doit se montrer très prudent
dans les poursuites, afin de ne pas s'exposer à un
insuccès. Il a été recommandé aux magistrats du
parquet de n'agir qu'après avoir provoqué et reçu
les instructions spéciales du Garde des sceaux, afin
d'unifier les poursuites sur tout le territoire et de
leur donner le caractère protecteur toujours élevé
qu'elles devaient avoir.

Au contraire, si, au lieu d'un titre isolé, une personne s'est emparée d'un nom titré, nom que moi-
même je porte, alors, j'aurai à ma disposition et
une action pénale et une action civile. Mon intérêt
est manifeste : c'est contre la violation de ma propriété que je réclame.

Donc en règle générale, et par sa nature même
une demande de ce genre est recevable devant les
tribunaux. Mais elle rencontrerait un obstacle dans

l'acte du pouvoir exécutif qui aurait conféré au défendeur le titre contesté.

Nous savons qu'en matière de titres, du moins sous un régime monarchique, le chef de l'Etat est absolument maître et libre : aucune contradiction, même de la part de tiers intéressés ne peut lui être opposée. Mais il n'y a pas que le titre, il y a le nom, or l'autorisation gouvernementale de porter un nom peut être attaquée. La loi du 11 germinal an XI détermine les formalités relatives aux changements de noms. L'article 7 de cette loi indique qu'une opposition peut être formée contre le décret d'autorisation rendu dans la forme des règlements d'administration publique c'est-à-dire après avis du Conseil d'Etat.

L'autorisation a été régulière : il faut pour que l'opposition triomphe, que cette dernière soit jugée fondée. Si l'autorisation de porter un nom titré a été accordée sans l'avis du Conseil d'Etat, dans la forme des collations de titres, elles est irrégulière, et à plus forte raison l'opposition doit être admise contre elle et cette opposition sera accueillie par cela seul que la disposition n'a pas été précédée des formalités prescrites par la loi du 11 germinal an XI, et sans que le Conseil d'Etat ait besoin d'apprécier au fond le mérite de l'opposition.

Mais ces diverses oppositions sont faites devant l'autorité administrative. La voie civile, autrement dit une contradiction judiciaire est-elle ouverte aussi contre l'autorisation régulière ou irrégulière de porter un nom titré ?

Nous répondons oui, dans l'un et l'autre cas, mais les effets en seront différents.

L'autorisation a-t-elle été régulière, si l'on n'a pas formé l'opposition administrative dans le délai fixé, évidemment le tiers intéressé pourra intenter une action judiciaire, mais cette dernière n'empêchera pas le décret de produire son plein et entier effet (Voir art. 8 de la loi de germinal.

L'autorisation intervenue en dehors des formes prescrites tombera au contraire, si un tiers introduit et fait triompher devant la justice civile une action en revendication de nom. Il y aura donc là un résultat pratique. On ne peut pas dire que cela constitue un empiétement du pouvoir judiciaire sur le pouvoir administratif : qu'y a-t-il lieu de régler en effet ? une question de propriété. Or toute question de ce genre est déférée à la justice ordinaire.

Le Ministère public, nous l'avons dit, a, par application de l'article 259 du Code pénal modifié par la loi de 1858, le droit de poursuivre devant le tribunal correctionnel les usurpations de titres honorifiques. On s'est demandé s'il peut également agir d'office en rectification d'un acte de l'état civil, s'il a qualité, lorsque les actes de l'état civil portent la mention de titres honorifiques, soit sur déclaration des parties, soit en vertu d'un jugement, pour en provoquer d'office la suppression par voie de rectification, ou, s'il n'a pas été partie principale dans une instance pour interjeter appel des décisions rendues sur des instances à fin de rectification ?

Cette question a soulevé une très vive controverse. Nous n'entrerons pas dans le détail, nous contentant d'en esquisser les grandes lignes. D'abord disons que cette action en rectification semble avoir une application plus large que la loi pénale de 1858.

Il se peut que les légitimes possesseurs d'un nom ne fassent rien pour faire cesser l'usurpation et négligent de se prévaloir de cette action. De plus si le nom usurpé n'appartient à personne, on se trouvera dans l'impossibilité de l'exercer et la rectification qui serait pourtant si nécessaire au point de vue de l'intérêt général et de la vérité ne se ferait-elle donc pas ? Il serait utile que le Ministère public pût agir.

Des décisions en sens contraires furent rendues, les unes (par exemple à Dijon, 11 mai 1860, D. 60. 2.144) proscrivant son action, les autres (par exemple à Metz, 31 juillet 1860, — à Colmar 29 décembre 1859) reconnaissant au Ministère public le droit de requérir d'office la rectification des actes de l'état civil et par suite d'interjeter appel des jugements rendus entre parties et qui auraient donné à un individu un nom qui ne lui appartiendrait pas.

La question fut portée devant la Cour de Cassation (Chambre des requêtes) par suite du pourvoi formé contre l'arrêt de la Cour de Dijon du 11 mai 1860.

Le 21 novembre 1860 un arrêt fut rendu par lequel la Chambre des requêtes décidait que l'action d'office n'appartient au Ministère public que dans les cas spécifiés par la loi, et qu'il ne faut pas ranger au nombre de ces cas, les vérifications d'actes de l'état civil, même intéressant l'ordre public (D. 60. 1.473).

Très peu de temps après, un autre arrêt de la même Chambre intervint dans un sens identique (V. 19 déc. 1860, D. 61.1.87).

Mais beaucoup de tribunaux n'en continuèrent pas moins de proclamer la recevabilité de l'action du Ministère public. Le besoin d'une solution émanée de la Chambre civile de la Cour suprême se faisait sentir, car à la place de l'unité, c'était la diversité et la contrariété des décisions.

Cette opinion si nécessaire fut enfin formulée après une discussion très approfondie sur la matière.

Deux pourvois formés contre un arrêt de la Cour d'Angers du 5 décembre 1860 et un arrêt de la Cour d'Orléans du 29 décembre 1860 furent admis par la Chambre des requêtes et déférés ainsi à la Chambre civile.

Après un remarquable rapport de M. le conseiller

Laborie, deux arrêts identiques furent rendus le 22 janvier 1862 proclamant :

« Que le droit d'agir d'office du Ministère public, en matière d'actes de l'état civil, n'est subordonné à aucune autre condition que celle des circonstances d'ordre public ; que le droit d'agir d'office en cette matière spéciale, n'étant subordonné à d'autre condition que celle d'un intérêt d'ordre public, ne saurait être contesté dans les conditions essentielles et prédominantes d'ordre public que les lois des 6 fructidor an II, 11 germinal an XI, et 28 mai 1858 ont eues principalement en vue en défendant à toute personne de prendre, dans les actes de l'état civil ou dans les actes publics, des noms ou titres qui ne lui appartiennent pas, et en rappelant, comme un des attributs de la souveraineté, le droit éminent d'autoriser les changements de nom, et de conférer, pour services rendus à l'État, des titres de noblesse. »

Un nouvel arrêt du 24 novembre 1862 a confirmé cette jurisprudence (D.1862.1.477). D'ailleurs l'action d'office du Ministère public est consacrée en termes généraux par la loi du 20 avril 1810 (art. 46).

« En matière civile, le Ministère public agit d'office dans les cas spécifiés par la loi.

« Il surveille l'exécution des lois, des arrêts et des jugements, il poursuit d'office cette exécution dans les dispositions qui intéressent l'ordre public. »

L'ordre public est intéressé dans ces matières, et

c'est à bon droit que la jurisprudence paraît maintenant définitivement établie dans ce sens que le Ministère public est recevable à demander la rectification d'un acte de l'état civil dans lequel un titre a été
indûment inséré.

Nous indiquerons encore en matière de nom patronymique un jugement récent du tribunal civil de
Versailles du 13 avril 1897 (*Gaz. des Tribunaux*,
21 août 1897) affirmant que le Ministère public a le
droit de porter directement devant les tribunaux les
affaires qui concernent l'ordre public ; spécialement
cette faculté lui appartient en matière de rectification
des actes de l'Etat civil, lorsque cette rectification
touche aux noms patronymiques ; l'ordre public est
en effet intéressé à ce que les noms qui servent à désigner les familles ne soient pas arbitrairement modifiés, ou encore à ce que des usurpations ne soient
pas commises, qui seraient de nature à amener une
confusion dans les noms ou à consacrer des prétentions contraires aux lois. Lorsqu'il s'agit simplement
d'un prénom non autorisé par la loi du 11 germinal
an XI, il n'est pas possible de soutenir d'ordinaire
que la suppression ou la rectification s'imposent
comme une nécessité d'ordre public ; mais si sous la
forme d'un prénom, on a voulu introduire dans un
acte de naissance une désignation patronymique dé-
guisée, l'action en rectification est alors ouverte au
Ministère public.

Une telle solution de cette question suppose préalablement fixée celle de l'insertion des titres nobiliaires dans les actes de l'état civil. Nous avons admis dans la section précédente que, bien que ne faisant pas partie intégrante du nom, le titre servait à compléter l'identité de la personne et, en conséquence, pouvait être inséré dans les actes de l'état civil.

Les tribunaux civils sont donc compétents pour connaître d'une demande en rectification d'actes de l'état civil pour omission ou suppression de titres, et dans ce dernier cas de suppression le Ministère public peut agir d'office.

Mais quel sera le tribunal qui devra statuer sur chaque demande particulière?

En principe un tribunal ne peut rectifier que les actes de l'état civil qui ont été reçus dans son arrondissement.

Lorsque, entre les différents actes dont la rectification est demandée, il existe une sorte de connexité et d'indivisibilité, résultant de ce que les erreurs contenues dans les uns proviennent de celles contenues dans les autres, et lorsque ces actes ont été reçus dans différents arrondissements, où doit être demandée la rectification? Nous répondons sans hésiter : Elle doit être portée devant le tribunal dans le ressort duquel se rencontrent l'acte ou les actes qui ont été le point de départ de l'erreur à rectifier.

C'est ce qu'a décidé la Cour d'appel de Limoges, le 22 juillet 1895 (Affaire de Courteix).

Si aucun des actes ne présente ce caractère d'acte principal, primordial et générateur, on pourra saisir indifféremment « l'un des tribunaux dont le greffe possède un registre renfermant un des actes à rectifier. »

Dans un jugement en date du 26 novembre 1896 (Affaire Lasnier de Loizellerie) le tribunal civil de Mayenne a ordonné la rectification d'un certain nombre d'actes de l'état civil relatif à cette famille, bien qu'un seul de ces actes eût été dressé dans le ressort du tribunal de Mayenne, et que ce seul acte ne fût pas celui ayant engendré l'erreur à réparer.

D'après le principe, que nous avons posé, ce jugement nous paraît dépasser les limites de la compétence du tribunal.

Un individu poursuivi pour usurpation de titre a été jugé par le tribunal correctionnel dans les limites de sa compétence telle que nous l'avons indiquée.

S'il est condamné, nous avons dit que le tribunal ordonnait la mention du jugement en marge des actes authentiques. En supposant que, malgré cette condamnation, il continue à porter le titre usurpé, de nouvelles poursuites peuvent être intentées.

Si le prévenu est acquitté, cela ne prouve nullement son droit au titre. « Posséder légalement un titre et n'être pas coupable du délit d'usurpation sont choses distinctes. » Plus tard donc on pourra parfaitement déclarer l'inexistence du droit au titre contesté.

De plus les décisions rendues par les premiers juges dans les questions d'usurpation de titres, portées devant les tribunaux civils ou correctionnels sont soumises à un appel ou à un recours en cassation.

Au contraire, si ces questions ont été soumises au Conseil du sceau, aujourd'hui remplacé par le Conseil d'administration du Ministère de la justice, il n'y a comme recours possible contre la décision du ministre, qu'un recours gracieux dont les effets sont rarement utiles.

Cette décision a un caractère définitif. Il est vrai qu'une même partie peut saisir plusieurs fois de la même question le Conseil, si elle produit des documents nouveaux.

Mais il n'en reste pas moins certain que jadis la législation était plus favorable : dans l'ancien droit, on pouvait appeler de la décision du juge d'armes devant les maréchaux de France.

De plus les tribunaux de droit commun sont liés par les décisions du gouvernement, que ces décisions soient conformes ou non à l'avis du Conseil chargé de la vérification des titres.

Après avoir passé en revue les différentes actions qui peuvent être intentées pour usurpation de titres, soit devant le tribunal civil, soit devant le tribunal correctionnel, et déterminé la compétence de l'un et de l'autre, nous devons traiter de la compétence administrative et, à ce propos, indiquer les attributions et le rôle de l'autorité administrative chargée d'examiner les questions nobiliaires.

Nous avons eu souvent l'occasion de parler de cette autorité, nous avons même dit que plusieurs fois il se présentait devant les tribunaux des questions dites préjudicielles qui devaient être renvoyées à son examen.

Etablissons tout d'abord la différence qu'il y a entre le pouvoir judiciaire et le pouvoir administratif, le premier déclare le droit tandis que le second fait le droit.

De tout temps les titres de noblesse ont été conférés par le chef de l'Etat. Si des difficultés s'élèvent à propos de ces titres, le pouvoir central sera appelé à les résoudre. Quand toute distinction honorifique se trouve abolie, alors il n'y a pas besoin d'une autorité chargée d'en connaitre : c'est ce qui s'est produit en 1790 et en 1848. Au contraire nous voyons cette autorité soigneusement organisée aux époques où les titres sont admis ou tolérés.

Nous ne rappellerons pas les institutions de l'ancien régime auxquelles appartenait la solution des questions nobiliaires, les juges d'armes et les Cours des Aydes.

Lorsque Napoléon Ier eut créé les titres impériaux, il institua, par le second décret du 1er mars 1808

sur les majorats attachés aux titres impériaux, le
Conseil du sceau, commission pour examiner les demandes de titres et de majorats, et statuer sur la
délivrance de brevets aux successeurs des titulaires.
Voici l'article 7 de ce décret : « Ceux de nos sujets
auxquels les titres de duc, de comte, de baron sont
conférés de plein droit, et qui voudront profiter de
la faculté de rendre leur titre transmissible en formant un majorat, adresseront à cet effet une requête
à notre cousin, le prince archichancelier de l'Empire... »

L'article 11 s'exprimait ainsi :

« Art. 11.— L'archichancelier procédera à l'examen de la demande, assisté d'un conseil nommé par
nous et composé ainsi qu'il suit... Ce conseil sera
nommé Conseil du sceau des titres..... »

Une ordonnance royale du 15 juillet 1814 transforma ce conseil en commission et lui fixa dans son
article 2 les attributions suivantes :

« Art. 2. — La commission du sceau, présidée
par notre chancelier, connaîtra de toutes les affaires,
qui, d'après les statuts et règlements relatifs aux
titres et majorats ressortissaient au dernier Conseil
du sceau des titres. Elle statuera sur la régularité,
quant à leur forme extérieure, des actes de notre
juridiction gracieuse qui devront être présentés au
sceau ; sur les oppositions qui pourraient être formées à la délivrance des lettres patentes concernant

les intérêts locaux et particuliers ; et en général, sur tous les objets analogues que nous jugerons à propos de lui attribuer. »

Sous la monarchie de Juillet, l'ordonnance du 31 octobre 1830 supprima cette commission et transféra ses attributions au Conseil d'administration établi auprès du garde des sceaux.

Après le vote de la loi de 1858 qui protégeait à nouveau les distinctions honorifiques, il devint nécessaire de réorganiser le Conseil du sceau des titres et alors fut promulgué le décret des 8-12 janvier 1859 portant son rétablissement (V. Dalloz, 59.4.5).

Pour indiquer les attributions de ce conseil nous citerons les articles 5, 6 et 7 du décret :

« ART. 5. — Le Conseil du sceau a, dans tout ce qui n'est pas contraire à la législation actuelle, les attributions qui appartenaient au Conseil du sceau, créé par le décret du 1er mars 1808, et à la commission du sceau établie par l'ordonnance du 15 juillet 1814.

« ART. 6. — Il délibère et donne son avis :

1° Sur les demandes en collation, confirmation et reconnaissance de titres que nous aurons renvoyées à son examen ;

2° Sur les demandes en vérification de titres ;

3° Sur les demandes en remise totale ou partielle des droits de sceau, dans les cas prévus par les deux paragraphes précédents et généralement sur toutes

les questions qui lui sont soumises par notre Garde
des sceaux.

Il peut être consulté sur les demandes en changement ou addition de noms ayant pour effet d'attribuer une distinction honorifique.

« Art. 7. — Toute personne peut se pourvoir auprès de notre Garde des sceaux pour provoquer la
vérification de son titre par le Conseil du sceau. »

Avant que l'empereur rendît ce décret du 8 janvier 1859, un rapport lui avait été adressé sur l'op-
portunité du rétablissement du Conseil du sceau des
titres (V. Dalloz, 1859.4.5).

Dans ce rapport, on conviait le nouveau conseil à
se livrer à un travail d'ensemble sur diverses questions dont la solution faisait encore défaut, et qui
ne pouvaient demeurer plus longtemps incertaines
depuis le rétablissement de l'article 259 modifié par
la loi de 1858. Parmi ces questions, se posaient
celles du mode de collation et de transmission des titres, des limites et des conditions de cette transmissibilité, des preuves pouvant être admises pour les
titres anciens, etc...

A la chute de l'Empire (1870), le Conseil du sceau
fut supprimé; mais bientôt le décret du 10 janvier 1872 (D. 72.4.21) attribua les fonctions principales du Conseil du sceau au Conseil d'administration du Ministère de la justice.

L'article 6 de ce décret portait que les référendaires continueraient à être seuls chargés de la poursuite des affaires sur lesquelles le Conseil du sceau était appelé à délibérer.

Un décret du 11 juin 1892 a supprimé par extinction la compagnie des référendaires au sceau de France, et décidé qu'à l'avenir il ne serait plus pourvu aux vacances qui par décès, démission ou destitution, se produiraient dans ses rangs.

Le Conseil du sceau de 1859 auquel a succédé le Conseil d'administration, n'était point un tribunal, pas plus que les corps qui l'avaient précédé sous les gouvernements antérieurs. Cependant il avait reçu des attributions plus étendues qu'eux, mais qui dans aucun cas n'étaient des attributions judiciaires. Il ne pouvait prendre aucune initiative et n'entrait en action que lorsqu'une partie lui soumettait, par une requête au Garde des sceaux, une demande en collation ou en reconnaissance de titres, ou lorsque le Garde des sceaux le consultait sur des questions de titres ou de changements de nom opérés dans un but nobiliaire.

Voici d'ailleurs, comment s'exprimait à ce sujet M. Boulay de la Meurthe dans la séance du Sénat du 10 juillet 1860 (V. *Procès-verbaux*, 1860, p. 296).

« Le Conseil du sceau des titres n'est pas un tribunal : c'est seulement une commission de haute administration, chargée de donner des avis au Gouvernement sur chacun des faits qui lui sont soumis. Il n'a aucune initiative et ne peut être saisi que sur le renvoi de l'Empereur ou du ministre compétent. Ainsi écartons d'abord cette idée qui s'est inexactement répandue que le Conseil du sceau des titres est appelé à rendre des décisions. »

Nous savons que la loi de 1858 a assimilé l'usurpation de titres et l'usurpation de noms honorifiques. Or le rôle du Conseil du sceau n'est pas tout à fait le même vis-à-vis des uns et des autres. En matière de titres, il doit être consulté sur toutes les demandes en collation, confirmation, reconnaissance et vérification.

En matière de noms, son intervention n'est pas nécessaire : il peut seulement être consulté sur les demandes en changement ou addition de nom ayant pour effet d'attribuer une distinction honorifique.

La décision définitive est toujours prise par le chef de l'Etat qui est libre de suivre ou de ne pas suivre les indications du Conseil du sceau.

Il a été publié une brochure anonyme sur la procédure en matière nobiliaire devant le Conseil du sceau des titres et les tribunaux depuis la loi du 28 mai 1858 et le décret du 8 janvier 1859.

Nous y trouvons indiquée la marche à suivre dans le cas d'un pourvoi formé pour obtenir la vérification de son titre par le Conseil du sceau (art. 7 du décret de 1859).

« Le requérant, écrit l'auteur, fait choix d'un référendaire qui désormais le représente pendant toute la durée de l'instance. Cet officier ministériel dépose à la Chancellerie la demande avec toutes les pièces qu'il juge utiles à produire à l'appui, et qui doivent notamment établir la possession du titre dans l'ascendance directe du requérant ; on consulte le procureur impérial du lieu de résidence de l'impétrant ; ce magistrat transmet son avis au procureur général, qui l'adresse avec le sien au Garde des sceaux. De plus on consulte le préfet du département.

« L'affaire est alors étudiée à la direction civile qui la soumet au ministre pour savoir s'il y a lieu d'envoyer le dossier au Conseil du sceau. Dans ce cas, l'affaire est transmise au commissaire impérial près le Conseil, qui rédige des conclusions écrites : le dossier revient au secrétaire du Conseil qui le soumet de nouveau au Garde des sceaux et fait désigner par lui le rapporteur. Ce dernier écrit son rapport et le Conseil décide l'avis qui doit être soumis au Ministre. Dans le cas de rejet, il est notifié au requérant par son procureur impérial tandis que les pièces sont rendues au référendaire. Dans le cas contraire, le Ministre propose à la signature de l'empereur un décret, dont ampliation est délivrée à l'impétrant contre récépissé du versement des droits effectué par le référendaire au Ministre des finances.

« Le décret a immédiatement force entière, et dans toute cette procédure, il n'y a aucun délai à observer (1). »

Nous avons dit que le Conseil d'administration du Ministère de la justice avait remplacé le Conseil du sceau, en 1872. Au début, il lui fut soumis un certain nombre de questions nobiliaires car, alors le Gouvernement, bien que de forme républicaine était pénétré d'idées conservatrices. Ce Conseil joua donc un rôle effectif, et donna assez fréquemment son avis. Mais lorsque la République reçut, de la main d'hommes nouveaux, une orientation plus démocratique, le Conseil d'administration, quoique maintenu en droit, comme d'ailleurs la loi de 1858 qui semble sa raison d'être, devint en fait sans action et sans influence.

Aussi n'insisterons-nous pas plus longuement : faisons remarquer toutefois, que s'il est encore possible de lui soumettre la reconnaissance ou la vérification d'un titre, on ne peut plus, même en théorie, solliciter son avis sur les demandes en collation, puisque, pour des considérations d'ordre politique et social, et aussi pour des raisons constitutionnelles, le chef de l'Etat ne confère plus de titres nouveaux.

Nous avons donc déterminé la compétence respective des tribunaux ordinaires, et de l'autorité admi-

(1) *Brochure*, p. 18.

nistrative vis-à-vis de l'usurpation de titres de noblesse : examinons cette compétence relativement
à l'usurpation de noms honorifiques.

§ 2. — De la compétence en matière d'usurpation de noms honorifiques.

Quand il s'agit de questions relatives à la propriété
et à la transmission des noms patronymiques, l'autorité compétente pour les résoudre est sans contredit
l'autorité judiciaire. On regarde à bon droit la propriété des noms sans doute comme une propriété d'un
genre à part, mais comme une propriété aussi digne
de respect et de protection que les autres. Le nom
sert à fixer l'identité d'un individu, et représente en
même temps le patrimoine moral des familles. Vous
ne devez pas plus vous emparer de mon nom, que
vous n'êtes libres de porter la main sur ma maison
ou sur mon champ. Or, les tribunaux de droit commun sont juges de toutes les questions de propriété :
et celle qui nous intéresse ne doit pas leur échapper.

Aussi voyons-nous fréquemment soumises aux
tribunaux civils des revendications de noms patronymiques, accompagnées d'action en dommages et
intérêts en vertu de l'article 1382 du Code civil ;
l'emploi d'un faux nom devient également, devant
les tribunaux de répression, une circonstance aggra-
vante de certains délits.

Nous citerons quelques exemples de procès récents :

L'auteur d'une brochure intitulée : *la Fusée d'un Jésuite*, réponse à des articles du R. P. Clair, avait pris le pseudonyme de Pierre Lanjuinais. Or le comte de Lanjuinais dont on avait usurpé le nom intenta une demande en suppression et en dommages-intérêts. Par un jugement du tribunal civil de la Seine du 16 mars 1880, le défendeur fut condamné, et il lui fut interdit d'employer ce nom. Il n'est pas en effet permis d'usurper un nom même en se basant sur une prétendue conformité de doctrines entre l'écrivain inconnu et l'un des auteurs du demandeur. Un préjudice, inappréciable en argent, mais réel cependant était causé à ce dernier dans notre hypothèse. De même, voici un autre jugement très important du tribunal civil de la Seine en date du 15 février 1882 ; dans *Pot-Bouille*, roman de M. E. Zola, celui-ci avait appliqué le nom patronymique Duverdy à un personnage imaginaire. L'intéressé réclama et assigna devant le tribunal civil de la Seine le gérant du *Gaulois* et M. Zola pour faire disparaître son nom du roman.

Il ne s'agissait pas, dans ce cas, du fait d'un citoyen prenant pour lui-même le nom d'un autre. La question posée était la suivante : est-il loisible au littérateur d'aller chercher dans la vie réelle un nom patronymique, de le transporter dans le roman et de l'attribuer à l'un des personnages créés par son imagination ?

Le tribunal vit là une attaque certaine au droit de propriété : et se fondant sur l'intérêt légitime du demandeur : son nom deviendrait odieux ou ridicule, et sur son droit d'interdire la représentation de sa personnalité dans un roman ou une pièce de théâtre, il ordonna la suppression du nom de Duverdy dans le roman, suppression absolue, et non pas seulement consistant à changer l'orthographe du nom en conservant la même consonnance, et, en plus de l'insertion du jugement dans le *Gaulois*, une amende de cent francs fut infligée par chaque jour de retard.

L'intérêt moral valait bien dans une pareille instance l'intérêt pécuniaire et le droit inviolable de propriété en matière de nom devait primer le droit de la littérature (1).

Dans un jugement du 30 mars 1882, le tribunal civil de la Seine décida également : « qu'un écrivain n'a pas le droit de faire usage comme pseudonyme pour signer ses ouvrages du nom d'une personne vivante et que la possibilité d'une confusion suffit pour légitimer l'action intentée contre lui ».

La propriété d'un nom patronymique est donc inaliénable et imprescriptible : d'où il découle que ceux qui y ont droit peuvent le revendiquer et empêcher qu'il en soit fait usage toutes les fois qu'ils jugent que cet usage peut porter atteinte à leur considération.

(1) V. *Gaz. des Trib.*, année 1882, numéros des 28 janvier, 9, 10, 16, 17 février.

Tous les membres d'une même famille sont fondés à agir en justice à l'effet de défendre contre toute usurpation le nom patronymique de cette famille, qu'ils aient ou non le droit de le porter publiquement.

Les femmes mariées sont admises à empêcher les usurpations de leur nom de famille dont elles ont cependant cessé de faire usage.

Les descendants par les femmes sont également reçus à défendre le nom de leur famille maternelle. Mais, en fait, ils ne sont reçus à poursuivre les usurpateurs du nom de leurs ascendantes que dans les familles où se perpétue le souvenir d'alliances illustres (V. Paris, 7 août 1884, affaire La Vauguyon).

Le légitime possesseur d'un nom qui en poursuit les usurpateurs trouve à sa disposition différentes actions suivant les hypothèses, tantôt une action en suppression, tantôt une action en rectification, puis une action en dommages-intérêts par application de l'article 1382 du Code civil.

Si le tribunal ne reconnaît ni à l'une, ni à l'autre des parties la propriété du nom litigieux, le Ministère public prend des conclusions tendant à interdire aux deux parties le nom indûment employé.

Un individu qui, sans droit, ajoute un prénom à son nom, peut être condamné à des dommages-intérêts, s'il résulte de cette adjonction une confusion préjudiciable.

Quant aux étrangers, il est hors de doute qu'ils

ont la faculté de s'opposer en France à l'usurpation de leur nom : il ne s'agit pas là, en effet, de l'exercice d'un droit purement civil.

Donc toute personne, qui, de sa propre autorité, change de nom et s'empare du nom d'autrui, viole ouvertement la loi : pour réussir dans une demande formée contre elle, il faut justifier de son droit au nom usurpé. Et les tribunaux ordinaires sont seuls compétents pour statuer sur toutes les questions relatives à la propriété et à la transmission des noms patronymiques.

Mais si, de soi-même, on ne peut changer son nom, il est loisible d'obtenir du Gouvernement un changement désiré.

C'est la loi du 11 germinal an XI qui a posé les règles des changements de noms.

Il n'entre pas dans notre sujet d'exposer et de commenter cette loi, ainsi que les formalités requises pour tout changement ou addition de nom.

Disons seulement que, pour obtenir le retrait d'un décret qui concède un nom à un tiers, il ne suffit pas d'être propriétaire de ce nom, il faut encore justifier d'intérêts suffisants.

Là nous sommes dans la compétence de l'administration, car le décret est rendu par le Chef du Gouvernement après avis et délibération du Conseil d'État. Or, l'appréciation et parfois le retrait du décret appartiennent à celui qui l'a rendu, en vertu du principe : *Ejus est interpretari, cujus est condere*.

Dans tous les autres cas, et même lorsqu'il s'agit d'un nom concédé par décret, mais sans les formalités requises, nous proclamons la compétence exclusive de l'autorité judiciaire en matière de noms patronymiques.

Mais supposons-nous en présence de noms qui renferment une distinction honorifique, noms dont l'usurpation constitue le délit prévu par l'article 259 du Code pénal ; alors ce principe est-il encore applicable ?

Quand faut-il recourir à l'autorité judiciaire et non à l'administration contre une altération de nom ?

Les questions de compétence présentent parfois de grandes difficultés. Aussi le Garde des sceaux, craignant qu'une trop grande facilité à laisser se créer ou se perpétuer par la voie judiciaire des noms honorifiques dans les actes de l'état civil, n'ait pour effet d'énerver la loi de 1858, adressa le 22 novembre 1859 aux procureurs généraux, une circulaire destinée à régler ces difficultés, et à poser les principes de la compétence entre les tribunaux et le gouvernement pour les changements de noms : il appelait la surveillance et l'attention toute spéciale de ces magistrats sur ces points.

Mais cette circulaire est générale : elle ne prévoit pas toutes les contestations, et laisse dans l'ombre beaucoup de détails.

Néanmoins, voici comment M. Dalloz analyse ses dispositions (V. Dalloz, *Code pénal annoté*, art. 259, Compétence).

« Deux hypothèses distinctes, écrit-il, y sont signalées :

1° Il se peut que des erreurs, des omissions, des irrégularités aient eu lieu dans la rédaction des actes de l'état civil, ou encoreque les circonstances politiques n'aient pas permis à un père de donner à ses enfants le nom tout entier que sa famille avait constamment porté, et l'aient contraint à en retrancher des qualifications ou particules que condamnait la législation existante. Dans cette première hypothèse, les tribunaux ordinaires seront compétents pour rechercher et constater ce qu'était, avant sa naissance, l'état légal de celui qui réclame ou qui soutient n'avoir fait que reprendre le nom auquel il a droit. En reconstituant un nom honorifique préexistant, ils se bornent à déclarer un droit antérieur : ils ne le confèrent pas ; ils n'empiètent pas dès lors sur les attributions du Gouvernement seul investi du pouvoir d'autoriser le changement des noms qui sont portés aux actes de l'état civil.

2° Mais il se peut aussi que l'altération des noms consignés dans l'acte de naissance, en vue d'une distinction honorifique, ne soit pas simplement la reprise d'un nom légalement acquis avant cet acte, et qu'elle n'ait pour cause que la vanité, l'intérêt, un calcul coupable ; qu'elle n'ait d'autre explication que le désir de substituer à un état civil régulier une situation mensongère et de conférer à l'auteur de la fraude une apparence nobiliaire. Alors l'autorité judiciaire ne pourrait faire d'une semblable substitution, la base d'un jugement de rectification d'acte de l'état civil (ni dès lors d'un sursis au jugement du délit d'usurpation de nom honorifique) sans consacrer judiciairement un changement de nom qui ne peut être légalement opéré que par la voie administrative. Sa décision serait donc entachée d'incompétence et d'excès de pouvoir. »

Nous avons exposé précédemment ce qu'il faut entendre par un nom honorifique et montré comment la loi de 1858 a assimilé l'usurpation des noms de ce genre et celle des titres, quant à la répression prévue par l'article 259 du Code pénal. Nous n'y reviendrons pas.

Or, d'après la circulaire du 22 novembre 1859, nous reconnaissons une compétence plus étendue aux tribunaux ordinaires lorsqu'il est question de noms honorifiques, que lorsqu'il s'agit de titres.

En effet la Cour de Cassation leur refuse l'appréciation des faits de possession articulés devant eux afin d'établir le droit à un titre litigieux. Les choses changent lorsque le juge correctionnel est saisi d'une prévention d'usurpation de nom honorifique ou que le juge civil est appelé à statuer soit sur une demande en rectification d'actes de l'état civil tendant à y faire insérer un nom de cette nature, soit sur une contestation entre particuliers, relative à la propriété d'un nom honorifique : dans ces différentes instances, l'un et l'autre peuvent apprécier des faits de possession invoqués.

D'où provient donc cette différence entre les noms et les titres ?

M. Dalloz nous en fournit la raison exacte :

« Cette distinction est fondée sur ce que les qualifications honorifiques qui peuvent se rencontrer dans un nom, telles que la particule *de* précédant un nom patronymique ou un nom de terre autrefois seigneuriale, ne sont pas et n'ont jamais été un signe de noblesse, et laissent dès lors au nom dont elles font partie intégrante, son caractère de nom proprement dit, tombant sous l'application de la règle de compétence formulée plus haut. »

Ainsi la voie de la rectification est ouverte à une personne qui prétend faire ajouter dans les actes de l'état civil la concernant la particule *de* ou *du*. La particule légalement portée dans une famille fait partie du nom et on y a droit comme au nom lui-même.

On peut demander la rectification, même pour les actes passés pendant la Révolution. Le but des décrets du 6 fructidor an II et du 19 nivôse an VI qui défendaient de prendre un nom différent de celui qu'on avait dans son acte de naissance, était de mettre un terme à l'usage des noms de fantaisie : il n'était pas d'empêcher à l'avenir l'emploi justifié de la particule. En supposant même que ces lois l'eussent prohibé, et que par conséquent l'acte, rédigé conformément à cette législation, fût régulier, les tribunaux seraient compétents pour ordonner le rétablissement de la particule, car l'interdiction n'avait été que temporaire.

M. le procureur général Falconnet a présenté des conclusions conformes à cette opinion, conclusions sur lesquelles fut rendu l'arrêt de Pau du 15 novembre 1858 (D. 59.2.92).

Pour que les tribunaux accueillent favorablement la preuve du droit à un nom honorifique, par exemple à l'emploi de la particule devant son nom, on exige une possession constante et uniforme, remontant à une époque antérieure à l'abolition des titres de noblesse, c'est-à-dire au 4 août 1789. Ainsi on admet la demande en rectification d'état civil, ayant pour objet de restituer à un nom patronymique la structure matérielle, la configuration qu'il a toujours eue dans le passé.

Cependant la Cour de Limoges, par un arrêt du 20 décembre 1858 (D. 59.2.152), jugea que le droit de rétablir dans son nom la particule dite nobiliaire pouvait être reconnu à un individu par voie de rectification des actes de l'état civil le concernant, bien qu'il y eût eu dans la possession du nom ainsi composé, une interruption acceptée par la génération précédente, et remontant à une époque antérieure aux lois abolitives des distinctions nobiliaires, si d'ailleurs ce nom, altéré par une erreur évidente, avait été conservé intact dans d'autres branches de la même famille.

La Cour d'Aix rendit un arrêt en sens contraire le 25 mai 1859 (D. 59.2.93). Une demande de ce genre présente d'après elle tous les caractères d'une demande en changement de nom, et doit être appréciée par le Gouvernement.

Les tribunaux ordinaires sont également compétents pour statuer sur des faits de possession à propos de noms de terres autrefois seigneuriales à insérer dans les actes de l'état civil ou contestés entre particuliers. Ainsi a-t-il été jugé à Limoges, 9 avril 1878 (D. 78.2.121) ; à Rennes, 4 juin 1878 (D. 78. 2.195).

En matière de rectification d'actes de l'état civil, il est de principe que les tribunaux ont le droit de constater et de consacrer le passé, mais pas d'innover.

Pour qu'un nom de terre soit devenu avant 1789 une partie du nom patronymique, il faut qu'il se soit incorporé à ce nom de manière à n'en former qu'un seul : on exige aussi une possession constante et uniforme.

En l'absence d'une volonté persistante, de la part de ses auteurs, d'incorporer un surnom au nom patronymique, un descendant ne peut obtenir la rectification de son état civil.

La jurisprudence moderne, comme l'ancienne, reconnaît aux anciens possesseurs de fiefs le droit d'ajouter le nom de leur fief à leur nom patronymique. Le nom de terre doit donc être emprunté à une terre noble.

De même lorsqu'il s'agit d'un surnom pris avant 1789, pour que les tribunaux aient le droit de le maintenir, en l'absence d'une autorisation du Gouvernement donnée sous les formes établies par la loi du 11 germinal an XI, il est nécessaire de se conformer aux termes de l'article 2 de la loi de fructidor an II, c'est-à-dire il faut que ce surnom ait été adopté pour distinguer entre elles les branches de la même famille.

Donc, quand il sera certain que l'addition d'un nom de terre n'a été faite qu'à titre de surnom pour empêcher la confusion entre les membres d'une même famille ou entre familles homonymes, la peine de l'article 259 modifié par la loi de 1858 ne sera pas appliquée. Quand il sera constant que les auteurs d'une personne ont eu le droit d'ajouter le nom de leur fief à leur nom de famille et qu'il sera établi en fait qu'ils ont usé de ce droit à l'époque où ils le pouvaient, leurs descendants seront en droit de provoquer, par la voie de demande en rectification d'actes de l'état civil, le rétablissement de ce nom sur les actes les concernant.

Lorsque ces conditions manquent, l'autorité judiciaire ne peut considérer un nom honorifique comme légalement porté qu'en vertu de l'autorisation administrative prescrite par la loi du 11 germinal an XI. Toutes les formalités de cette loi doivent avoir été accomplies.

Nous retrouvons ici les mêmes questions qui se sont posées devant nous au paragraphe précédent en matière de titres.

Sans revenir sur les détails que nous avons donnés, reconnaissons au Ministère public le droit d'agir d'office pour faire rectifier des actes de l'état civil dans lesquels quelqu'un a altéré son nom de manière à s'attribuer une distinction honorifique : il peut également interjeter appel d'un jugement dans lequel il n'a été que partie jointe. Ce cas en effet intéresse l'ordre public dont il est le gardien.

La décision du tribunal correctionnel qui acquitte le prévenu d'usurpation de nom honorifique n'implique aucunement la reconnaissance de la possession légale de ce nom. L'acquittement peut provenir de la bonne foi constatée chez l'inculpé. D'autre part il a pu y avoir délit d'usurpation dans le passé, délit non poursuivi alors, et qui maintenant a disparu, lorsque des personnes ayant, soit par elles-mêmes, soit par leurs auteurs, altéré leur nom de famille pour lui donner une tournure aristocratique, ont ensuite obtenu du gouvernement la sanction de ce changement. L'autorisation administrative accordée suivant les formes requises a rétabli l'ordre, et désormais toute poursuite pour usurpation est devenue impossible.

Voici une hypothèse différente : dans une affaire civile une partie signe un nom différent de celui qui lui appartient d'après son acte de naissance : or le jugement intervenu sur le fond ne lui donne que ses noms et qualités véritables. C'est une rectification incidente opérée dans le procès et pour le procès seul, qui n'empêche pas la poursuite correctionnelle à laquelle reste soumise toute personne qui a changé ou modifié son nom sans droit, et en vue de s'attribuer une distinction honorifique.

Telles sont les principales règles de compétence en matière d'usurpation de noms honorifiques.

Nous avons fait ressortir les différences avec la matière des usurpations de titres et montré que, dans ce dernier cas, il était très souvent nécessaire de recourir à l'autorité administrative chargée de résoudre les difficultés soulevées par les titres de noblesse, tandis que l'appréciation des faits tendant à établir la propriété des noms honorifiques, restait soumise à l'autorité judiciaire.

Ainsi se trouve achevée notre étude sur la législation actuelle concernant les titres de noblesse et autres signes, dits nobiliaires ; mais avant de conclure, quelques observations doivent être présentées sur la noblesse étrangère.

CHAPITRE IV

Nous avons recherché l'origine des titres nobiliaires français, fait connaître les conditions modernes de leur acquisition et de leur transmission, et ainsi déterminé les cas d'usurpation prévue et punie par notre Code pénal. Nous compléterons ces renseignements en traitant de la noblesse étrangère, et par ce mot nous entendons deux choses, nous envisageons deux situations différentes. D'abord nous voulons désigner la noblesse conférée par son propre souverain à un étranger résidant soit dans son pays, soit chez nous ; en second lieu nous appliquons le même terme à la noblesse conférée à un Français par un gouvernement étranger.

Dans une première section, nous examinerons brièvement la législation des principaux États en matière de noblesse et de titres, et la situation en France des étrangers anoblis et titrés.

Dans une seconde section, nous exposerons la situation en France du Français anobli ou titré par un prince étranger.

SECTION I. — **De la législation sur les titres à l'étranger, et de la situation de l'étranger anobli ou titré résidant en France.**

Les sociétés actuelles peuvent se diviser en deux groupes, les unes encore établies sur les principes conservateurs des siècles passés, les autres engagées dans les voies de la démocratie.

Dans les premières, le prestige de la noblesse est resté presque entier.

En Angleterre il faut distinguer deux espèces de noblesse, la *nobility* et la *gentry*.

Les simples nobles constituent la gentry. Or est noble en Angleterre depuis le XIIe siècle, quiconque possède la coat-armour (cotte d'armes) par droit héréditaire ou en vertu d'un octroi royal. A cette classe appartiennent les esquires (écuyers), les knights (chevaliers), et même les descendants cadets des peers (pairs) (1).

Le mot nobility désigne la classe supérieure des nobles, les pairs : le peerage est une catégorie d'hommes possédant soit héréditairement, ainsi les comtes et les barons, soit en vertu de leur office, comme les prélats, le droit à la lettre de summons ou de convocation au Parlement. Le nombre des pairs est illimité : ce titre est une récompense accordée par la

____

(1) Ils ne conservent pratiquement aucun avantage légal, siègent avec les délégués des communes et sont gentlemen.

Couronne à des hommes d'Etat, à des fonctionnaires, des savants, des écrivains, qui, dans ces genres différents, ont illustré l'Angleterre. Ils peuvent porter les qualifications de duc, de comte, de marquis. Le titre de prince est réservé aux membres de la famille royale. Celui de comte est le plus ancien : c'est l'earl danois.

Jacques Ier, poussé par des besoins fiscaux, créa le titre de baronnet. La Couronne peut relever le titre d'une famille éteinte en faveur d'une famille nouvelle ; seul le chef de famille est pair : l'ensemble des pairs forme les noblemen.

La noblesse anglaise constitue une société très fermée, jalouse de sa suprématie conservée par la pratique du droit d'aînesse et des majorats. Cependant elle se renouvelle incessamment, par l'adjonction de ceux qui, enrichis par l'activité commerciale et financière, acquièrent un établissement (*estate*) à la campagne, et vivant sur un certain pied font partie des county-families.

Dès le XIIIe siècle, la noblesse a joué un rôle capital en Angleterre.

Elle a imposé à la royauté la grande Charte, la convocation régulière du Parlement ; peu à peu elle a élevé l'édifice des libertés anglaises. Aujourd'hui, c'est un corps social conservant ses traditions, et réalisant en même temps les progrès nécessaires. La gentry accepte dans son sein toutes les supériorités :

elle connaît en même temps sa force et son devoir social. L'homme qui nous semble personnifier cette classe si éminemment utile à son pays et si admirablement dressée pour la vie publique et privée, est Gladstone, qui, durant les années où il occupa le pouvoir, réalisa un gouvernement fort et libéral, et mérita que l'univers entier, ratifiant le jugement de ses concitoyens, le regardât comme le véritable great old man.

Les gentlemen sont à la tête de tous les grands services publics. La Haute Église, l'enseignement supérieur, les tribunaux, le barreau les attirent et malgré les réformes électorales, leur influence est demeurée considérable dans la Chambre des Communes.

Si à côté de cette noblesse anglaise, dont l'action et le rôle se transforment si parfaitement au gré des besoins modernes, tout en gardant son prestige d'antan, nous plaçons la noblesse allemande, nous y découvrons des caractères tout différents.

Dans les provinces au delà de l'Elbe, en Prusse, le roi apparaît surtout comme le chef de ses nobles qui sont les chefs naturels de la nation.

« C'est à sa noblesse que la Prusse doit de s'être élevée à sa puissance actuelle, et c'est grâce à elle qu'elle maintient encore aujourd'hui sa suprématie. »

Voilà la remarque que fait le Dr Paul Ernst dans une très intéressante étude qu'il consacre à la no-

blesse allemande dans la *Revue des Revues* (1).
« C'est pourquoi, ajoute-t-il, l'on consacre tout au
soutien de cette classe chancelante, si bien qu'à certains moments, on dirait presque que l'empire allemand n'existe que pour le hobereau ou Junker de
l'Elbe oriental. »

Là le moindre junker se sent le représentant res-
ponsable de toute une lignée d'hommes qui se sont
fait tuer héréditairement pour les Hohenzollern.
Nous lisons dans les romans de Freytag et de Suder-
mann le récit de l'existence de ces nobles. Nous les
voyons débuter comme officiers : aujourd'hui surtout, depuis la guerre de 1870, l'armée allemande
est entourée d'une estime particulière, et l'officier
occupe un rang élevé dans la hiérarchie sociale. La
carrière militaire est très recherchée ; mais les besoins de luxe et de plaisir y ont augmenté, si bien
que les fils des propriétaires seigneuriaux, dont les
revenus, par le fait de la crise économique subie par
l'agriculture, diminuent chaque jour, se sont vus
distancés par les fils des industriels riches que l'on
appela la jeunesse dorée.

Aussi beaucoup de jeunes nobles continuent-ils
leur existence comme seigneurs ruraux ou comme
fonctionnaires publics.

Les junkers ont en général l'esprit étroit et routi-

(1) Voir *Revue des Revues*, numéros des 15 janvier et 1er février
1895.

nier, obstinément attachés à leurs privilèges, ils se montrent arrogants vis-à-vis de leurs inférieurs et conservent leur rudesse primitive de chasseurs et de soldats. Malgré ces défauts inhérents à toutes les aristocraties, Bismark comprit qu'ils étaient une force réelle pour l'Etat et il les regarda comme les cadres de l'armée et de la société. Mais comme la noblesse ne conserve d'importance que là où elle possède le sol et s'appuie sur la propriété foncière, et comme d'autre part beaucoup de hobereaux sont contraints de vendre tout ou partie de leur domaine par suite de la baisse des prix des produits agricoles, il s'ensuit que le jour où le dernier junker aura vendu son dernier hectare, la classe noble disparaitra en Prusse dans la classe bourgeoise. C'est pour prévenir ce résultat et pour empêcher l'avènement de la classe des ouvriers industriels qui, eux, établiraient un gouvernement démocratique, que le souverain met tout en œuvre pour protéger la noblesse des provinces orientales, noblesse qu'il considère comme le véritable soutien de l'Etat.

Dans les autres parties de l'Allemagne, il existe aussi une noblesse possédant certains privilèges. On donne par exemple, dans certains Etats, les hauts emplois de préférence à ceux qui peuvent mettre la particule von (de) devant leurs noms. Il y a également une noblesse terrienne, mais qui ne se distingue en rien de la bourgeoisie de même rang, avec laquelle

elle contracte d'ailleurs des alliances et des mariages.

En Italie, l'aristocratie n'a pas de pouvoir social, ni de privilèges légaux comme l'aristocratie anglaise. Et cela se comprend, car à part le Piémont où la noblesse s'est illustrée dans l'armée, et a été une partie de la vie sociale, dans tout le reste de l'Italie, la noblesse fut une importation et quelquefois une illusion d'imaginations surexcitées.

Au XVIe et au XVIIe siècles, des titres et autres distinctions nobiliaires furent introduits par les gouvernements monarchiques qui s'implantèrent alors. De cela il est resté aujourd'hui à cette aristocratie, parfois, une grande richesse, toujours une immense fierté, jamais aucun pouvoir social ou moral. La noblesse italienne est en général très oisive : le travail est regardé comme un déshonneur ; les jeunes gens s'enrôlent pour quelques années dans la cavalerie, un certain nombre entrent dans la diplomatie, d'autres dans la politique.

En résumé, cette aristocratie n'est qu'une classe riche avec des illusions assez curieuses et assez pardonnables sur la supériorité de sa nature.

Dans le *statuto* donné par Charles-Albert au Piémont et qui devint le *statuto* italien, on peut constater une tendance à reconnaître à l'aristocratie une fonction au moins morale dans la société démocratique établie par la Révolution de 1848. L'article 79 de ce statut décidait que les titres héraldiques seraient conservés aux familles qui les possédaient et que le roi pourrait en conférer de nouveaux.

En 1860, fut instituée la *Consulta Araldica*, sorte de tribunal chargé de vérifier les titres nobiliaires, et de surveiller la concession des blasons nouveaux. Mais ce tribunal ne put réaliser l'œuvre qu'on attendait de lui : des embarras financiers étant survenus, un impôt du blason fut créé, et on dut payer une taxe très élevée pour chaque titre nobiliaire donné par le roi. Aussi se contenta-t-on de nommer sénateurs les hommes distingués qui étaient dans les bonnes grâces du gouvernement. Seuls les roturiers enrichis achetèrent des titres qui devinrent par ce fait déconsidérés ; le grand Verdi ne voulut pas de la noblesse dans ces conditions, car il la regardait comme un mensonge.

A la Cour, le roi aime à s'entourer d'un cortège de nobles de toutes les contrées de l'Italie.

En 1889, Crispi réorganisa la *Consulta Araldica* composée de nobles : elle fut chargée de vérifier les titres nobiliaires et de dresser le Livre d'or des familles aristocratiques.

Dans le nouveau Code pénal italien promulgué le 1er janvier 1890, l'usurpation de titres nobiliaires est punie ; l'article 186 qui prévoit ce délit est ainsi conçu :

ART. 186 : « Sera puni d'une amende de 50 à 1000 francs quiconque portera indûment et publiquement l'uniforme ou les signes distinctifs d'une charge, d'un corps constitué ou d'une fonction, et quiconque s'arrogera sans droit des grades académiques, des distinctions honorifiques, des titres, dignités ou charges publiques.

Le juge pourra ordonner que la sentence soit publiée par extrait dans un journal désigné par lui et aux frais du condamné. »

Jetons encore un rapide coup d'œil sur la noblesse de Belgique.

Lorsque les Pays-Bas furent conquis en 1795 par les armées françaises, on y appliqua les décrets de 1790-1791 relatifs à l'abolition de la noblesse en France. Ces décrets ne disparurent que lorsqu'en 1814 la conquête nous échappa. Les Pays-Bas reçurent alors leur loi fondamentale le 24 août 1815.

L'article 75 de cette loi donnait au souverain le droit de conférer des titres de noblesse, sans pouvoir jamais y attacher aucun privilège. Les articles 63 et 66 lui accordaient également le droit de conférer la noblesse et subordonnaient à sa permission l'acceptation des dignités, charges ou titres étrangers. Pour l'avenir, il était défendu d'accepter des lettres de noblesse octroyées par un prince étranger.

Sous la domination hollandaise, la noblesse formait un corps politique en Belgique.

Depuis 1830, année où fut créé le royaume de Belgique, il n'en est plus ainsi.

Un arrêté du 30 avril 1853 décida que les concessions de noblesse ou de titres provenant des souverains étrangers ne seraient plus confirmées.

Tout ce qui regardait la noblesse fut rangé parmi les attributions du département des affaires étrangères.

En 1843 et 1844, fut organisé le conseil héraldique, commission consultative chargée de la vérification des titres et de l'examen des demandes en reconnaissance de noblesse.

A certaines époques, notamment en 1856, en 1861, en 1873, en 1882, on publia des listes officielles contenant l'état nominatif des personnes dont les titres et la noblesse avaient été reconnus par le roi.

Dans ce pays, on prouve la possession de la noblesse ou du titre par les actes de l'état civil, établissant la descendance directe et légitime d'une personne dont le nom est porté sur la liste officielle.

Quant aux titres donnés à ceux qui sont en possession de la noblesse, ils sont variables : tous ceux qui en font partie ont droit à la qualification de messire ou de monsieur. S'il s'agit d'un chevalier héréditaire ou d'un baron, on dit : M. le chevalier ou M. le baron. En Belgique, la perte de la noblesse peut être considérée comme une peine.

Les articles 31, 32 et 33 du Code pénal autorisent les Cours et tribunaux à prononcer contre un individu l'interdiction à perpétuité ou à temps de porter aucun titre de noblesse.

L'article 230 du même Code pénal punit d'une amende de 200 à 1000 francs quiconque se sera publiquement attribué des titres de noblesse qui ne lui appartiennent pas.

Et l'article 232 est ainsi conçu : « Tout fonctionnaire, tout officier public qui, dans ses actes, attribuera aux personnes y dénommées des noms ou des titres de noblesse qui ne leur appartiennent pas sera puni, en cas de connivence, d'une amende de 200 à 1000 francs. »

Nous avons tenu à donner ces détails, car il se contracte chaque année un grand nombre d'alliances entre les familles de France et de Belgique, et il peut être intéressant de connaître exactement la situation de la noblesse dans ce pays (1).

A côté de ces Etats qui ont à leur tête un gouvernement monarchique et où la noblesse, regardée comme le soutien du trône, jouit encore de certaines faveurs et d'un réel prestige, nous devons placer les sociétés véritablement démocratiques, dont la constitution est fondée sur l'égalité et qui font table rase du passé.

Là nous constatons que la noblesse, supprimée en droit, n'a pas cessé d'exister en fait.

Dans la libre Suisse, quand les habitants s'adres-

____

(1) V. *La noblesse de Belgique*, par le comte de Marsy (1882).

sent à un voyageur ayant une qualification nobiliaire quelconque, et, bien que ce titre soit parfois un titre de contrebande, ils lui parlent encore avec une nuance toute particulière de respect, et n'oublient jamais d'employer avec une déférence marquée la formule : M. le comte ou M. le marquis.

Aux Etats-Unis où, par logique républicaine, on a aboli les titres et les décorations, on emploie tous les moyens pour éluder cette prohibition.

Un citoyen qui a été général, colonel ou major pendant quelques années dans la milice, conserve ordinairement son titre durant sa vie.

Quand la profession que l'on a occupée est ou a été tant soit peu relevée, ainsi pour un gouverneur, un juge, un professeur, on substitue le titre de sa profession à son nom patronymique.

Les femmes elles-mêmes se revêtent du titre de leur mari et se font appeler par exemple : Mme la juge X.....

L'aristocratie de naissance n'a été abolie qu'en principe par la Constitution des Etats-Unis. Les descendants des grandes familles d'Angleterre émigrées, constituent une caste à part dans la Virginie et le Massachusetts.

De plus il existe réellement une aristocratie de l'argent composée de milliardaires, rois du pétrole, du coton ou du fer : là-bas en effet la société se classe par doit et par avoir.

Les Américains entourent de considération les personnages titrés d'Europe et il n'est pas rare de voir des mariages entre les filles de ces riches banquiers ou industriels et les descendants à moitié ruinés des vieilles familles européennes.

Le titre de gentleman est très recherché. Jamais on n'appelle quelqu'un citoyen, mais sir. Autre détail assez curieux : les chefs du parti ouvrier ont pris le nom de chevaliers (knights) (1).

En France, sous notre Constitution républicaine, les titres nobiliaires, nous le savons, ont surnagé comme des épaves de l'ancien régime.

Combien de gens les ambitionnent! Le paysan s'incline encore devant le seigneur du village. Dans les villes mêmes, où la culture et l'indépendance de l'esprit semblent avoir pénétré davantage, le petit peuple admire les personnes titrées et s'intéresse aux mille détails de leur existence journalière.

Quoi qu'il en soit de cette revue rapide de la noblesse chez les peuples qui nous entourent, demandons-nous quelle est la situation de l'étranger anobli ou titré, résidant en France.

La réponse est courte et facile. Il est bien certain que l'étranger résidant en France, y conserve son statut personnel, c'est-à-dire qu'il reste soumis aux lois de son pays, en tout ce qui touche son état et sa

____

(1) V. *L'aristocratie en Amérique*, par F. Gaillardet. Paris, 1883, in-12.

capacité civile. Il n'est atteint en France que par les lois de police et de sûreté qui obligent tous ceux qui habitent le territoire.

Or, le nom comme le titre fait partie de son état et le suit en quelque lieu où il se transporte. Celui qui est noble dans un lieu est noble partout. Il continue donc chez nous à pouvoir porter tous les titres et décorations qu'il a légitimement reçus de son souverain et il n'a besoin pour cela d'aucune autorisation du gouvernement français. Notre loi n'est pas applicable aux titres dont les étrangers peuvent faire usage en France.

C'était d'ailleurs également la règle sous l'ancien régime. Bacquet, Loyseau, de la Roque enseignaient que l'étranger, noble dans son pays, conservait cette qualité partout : ils formulaient une exception à cette règle, lorsque la noblesse d'un pays provenait de sources réprouvées par le droit commun des nations. A Rome, on appelait les nobles de cette catégorie *domi nobiles*.

Remarquons encore que, même aux époques où les titres étaient proscrits en France, l'usage en demeura permis aux étrangers (V. Décret des 19-23 juin 1790, art. 4).

On peut considérer la loi de 1858 qui a pour but de maintenir l'ordre moral dans la société comme une loi de police. Néanmoins elle n'est pas applicable aux étrangers résidant sur notre territoire. En effet l'esprit de la loi est manifeste : elle est faite non pour protéger la noblesse universelle, mais la noblesse nationale. Il est parlé dans l'exposé des motifs d'une institution à laquelle se rattachent les grands souvenirs de l'ancienne monarchie, et que les gloires de l'Empire ont entourée d'un nouvel éclat.

De plus les lois qui déterminent l'acquisition et la transmission de la noblesse rentrant dans la catégorie des statuts personnels, un étranger ne sera usurpateur de noblesse, qu'autant qu'il aura violé les règles suivies à cet égard dans son pays. Or le juge français n'a pas à s'occuper de la loi étrangère qui pour lui est un simple fait.

Enfin, d'après le texte même de la loi de 1858, pour qu'il y ait délit d'usurpation, il est nécessaire qu'un individu se soit mis en contradiction, quant à son nom ou à son titre, avec les actes de l'état civil le concernant. Or ce n'est jamais en France que se trouve l'ensemble des actes qui constatent la situation de la famille d'un étranger.

L'article 259 du Code pénal ne s'applique donc pas aux étrangers.

SECTION II. — Situation en France du Français anobli ou titré par un prince étranger.

Dans l'ancien droit, le Français anobli par un souverain étranger ne pouvait jouir de sa noblesse en France, qu'en obtenant du roi des lettres de confirmation dûment enregistrées. De même, quand il recevait un titre nobiliaire et était créé duc, comte ou baron, il avait besoin de faire reconnaître par son propre souverain cette distinction.

Dans le droit actuel, les principes sont restés les mêmes. Sans doute aujourd'hui nos lois ne reconnaissent pas de noblesse simple : il n'existe plus que des titres. Or, quand un Français a obtenu d'un gouvernement étranger la collation d'un titre, s'il veut jouir de ce titre en France, et ne pas y être poursuivi comme usurpateur par application de l'article 259 du Code pénal, il est obligé d'obtenir une autorisation du chef du Gouvernement français.

Cette autorisation était exigée par une ordonnance du 31 janvier 1819 non insérée au *Bulletin des lois*.

Très peu de temps après le vote de la loi du 28 mai 1858, un décret intervint abrogeant l'ordonnance de 1819 et réglant ainsi qu'il suit le port des titres étrangers en France ; c'est le décret du 5 mars 1859 que nous reproduisons :

« ART. 1er. — Aucun Français ne peut porter en France un titre conféré par un souverain étranger, sans y avoir été autorisé par un décret impérial rendu après avis du Sceau des titres.

Cette autorisation n'est accordée que pour des causes graves et exceptionnelles.

Art. 2. — L'impétrant est assujetti au droit de sceau qui serait perçu en France pour la collation du même titre ou du titre correspondant. »

Ce décret contient la même disposition principale que l'ordonnance de 1819, mais il diffère de celle-ci sur les points suivants :

Un avis du Conseil du sceau doit précéder l'autorisation gouvernementale ; de plus, cette autorisation n'est accordée que rarement et pour des causes graves et exceptionnelles.

Les titres étrangers ont été assimilés aux titres français correspondants, relativement à la perception des droits de sceau. Auparavant le droit du sceau était fixé au tiers du droit exigé pour la concession du titre français équivalent, ce qui constituait une réelle injustice.

L'autorisation de porter un titre étranger peut-elle être accordée par le Président de la République ?

Il est douteux que ce dernier ait le pouvoir d'autoriser un Français à porter un titre étranger : évidemment il n'y a pas là collation d'un titre, mais il y a reconnaissance d'un titre qui jusque-là n'avait pas eu d'existence aux yeux de la loi française.

Quel est l'effet de l'autorisation ainsi accordée à un Français de porter un titre étranger ? Ce titre devient-il français et échappe-t-il désormais à l'autorité de la loi étrangère, ou bien reste-t-il soumis à cette loi, quant à sa conservation et à sa transmission ? Cette question très importante a soulevé une ardente controverse.

En 1859, était pendante devant la Cour de Paris une affaire de transmission de titre étranger, dans laquelle M. Hibon de Frohen réclamait le titre de grand d'Espagne, du chef de sa femme, héritière à titre toujours gratuit de la grandesse, en vertu de lettres patentes espagnoles dûment confirmées par le roi de France. Voir *Gaz. des Tribunaux* du 11 juin 1859 (1).

Le 10 juin 1859 intervint un arrêt dont les considérants fortement motivés portaient :

« Qu'à cette heure la loi espagnole ne reconnaît de titre de grandesse ou autre qu'autant que l'autorité royale l'a sanctionné ;

« Que notamment en ce qui touche la grandesse, un décret du 28 décembre 1846 a soumis à une autorisation royale les nouveaux titulaires ; qu'un gouvernement a incontestablement le droit de réglementer la transmission de titres même antérieurement concédés...

« Que le droit réclamé par Hibon manque de la première de toutes les conditions, puisque s'agissant d'un titre étranger, il n'est pas même justifié qu'il existe et soit reconnu dans son pays d'origine. »

De cet arrêt, il ressort que le titre étranger,

(1) V. aussi Dalloz, 1863.1.313.

même autorisé en France, reste soumis, quant à sa conservation, à l'empire de la loi étrangère, et que si cette loi vient à supprimer les titres, ou bien subordonne leur conservation à l'accomplissement de certaines conditions, elle doit être appliquée.

Par un arrêt du 15 juin 1863, la Chambre civile de la Cour de cassation, rejeta le pourvoi formé contre l'arrêt de 1859, et décida :

« Que l'arrêt attaqué déclare qu'il est certain qu'aujourd'hui la loi espagnole ne reconnaît le titre de grandesse qu'autant qu'il a été confirmé par l'autorité souveraine. »

Donc, malgré l'autorisation française, le titre étranger reste soumis à la loi étrangère : voilà ce que nous pouvons dégager clairement de cette jurisprudence.

Deux auteurs de grand mérite, M. Lévesque, dans le *Droit nobiliaire français*, et M. Lallier soutiennent cette opinion.

Au contraire M. de Semainville adopte la thèse opposée et affirme que la noblesse étrangère, une fois devenue française, cesse d'être régie en France par ses lois d'origine ; quelles que soient les modifications ou suppressions survenues dans l'Etat où le Français a été primitivement anobli, celui-ci reste dans sa patrie, toujours noble, mais seulement à titre étranger.

« Quand un souverain, écrit-il, crée une personne

étrangère à ses Etats, noble, prince, duc, comte, etc.
il sait fort bien que, soumise chez elle à une autre
juridiction, elle doit être exemptée de la sienne.

« Voilà pourquoi sans doute, les lettres patentes
d'érection, émanant d'un gouvernement étranger,
contiennent souvent, en pareil cas, dispense des
obligations imposées à ses propres sujets... (1) »

Il prétend fournir la preuve qu'en France la conservation des titres étrangers ne dépend plus de leur
validité ni de leur reconnaissance dans le pays de
leur origine, et pour cela il invoque l'édit de 1774
où le roi de France restreint dans la seule ligne
directe de l'institué, et une fois seulement au profit
d'une des filles, la succession d'une grandesse autorisée indéfiniment en Espagne pour tous les héritiers
en général, même en ligne collatérale.

M. de Semainville s'élève avec vigueur contre
l'arrêt du 10 juin 1859 et à l'appui de sa thèse présente encore les arguments suivants :

« Les lettres de noblesse et les lettres confirma-
tives, une fois rendues exécutoires par l'intitulé ordinaire aux lois et aux jugements, sont les unes et les
autres de véritables lois et de véritables jugements ;
or nul jugement rendu en pays étranger contre un
Français, n'est jamais exécutoire en France que de

____

(1) V. de Semainville, *Code de la noblesse française*, p. 463
et suiv.

la manière et dans les cas prévus par le Code français.....

« S'il a été rendu en France contre un Français il n'est pas exécutoire non plus, à moins de porter l'intitulé voulu et d'être terminé par le mandement aux officiers de justice.

« Lorsque la loi qui défère et règle la noblesse est en opposition, par rapport aux prérogatives qui en résultent, avec celle du lieu où le noble se trouve ou dans lequel il a ses biens (le lieu de sa patrie), laquelle des deux faut-il suivre ? La loi seule du lieu qu'il habite doit être suivie : on reste soumis aux tribunaux civils criminels de la nation dont on est membre.

« Lorsqu'un Français, anobli par un souverain étranger, a reçu de son gouvernement des lettres confirmant les lettres de noblesse étrangère suivant leur forme et teneur, il est resté soumis aux conditions imposées dans la Charte ainsi confirmée.

« Enfin un Gouvernement a-t-il le droit de réglementer la transmission des titres même antérieurement concédés ? Il a ce pouvoir, pourvu qu'il ne viole pas les droits acquis, qu'il n'y préjudicie pas et que son règlement n'emporte pas un effet rétroactif. Une loi, réglant la transmission d'une dignité ou d'un titre déjà fixée par une charte devenue la loi des parties, est une loi réelle et civile réglant la succession de biens patrimoniaux, loi étrangère à celles pouvant avoir un effet rétroactif.

« Une charte par laquelle le souverain accorde une dignité et un titre nobiliaire reconnus par la loi à quelqu'un irrévocablement et perpétuellement pour lui et ses descendants désignés, c'est un contrat perpétuel et irrévocable de donation. Le Gouvernement qui supprimerait la transmission établie par la charte en faveur des descendants appelés, ou qui changerait les conditions du contrat commettrait un acte illégal, car il se produirait un effet rétroactif. »

M. Lévesque nous semble avoir réfuté victorieusement les arguments de M. de Semainville. Il montre tout d'abord les lois nobiliaires comme des lois essentiellement politiques et par conséquent échappant au principe de non-rétroactivité ; le législateur n'a pas le droit de modifier la conséquence déjà réalisée des règles nobiliaires anciennes, mais il peut modifier ou détruire les facultés concédées aux nobles : donc on ne peut faire un reproche de rétroactivité à la loi française ou étrangère qui viendrait modifier une situation nobiliaire antérieurement constituée.

En outre les lois nobiliaires rentrent dans la classe des statuts personnels ; or le statut personnel nobiliaire du Français porteur d'un titre étranger, c'est la loi nobiliaire du pays qui le lui a conféré. Il y a pour ainsi dire en ce Français deux personnes, la personne civile exclusivement régie par la loi française et la personne nobiliaire soumise aux variations de la loi de la nation où elle a puisé son existence.

Enfin il est inexact d'assimiler les anoblissements étrangers confirmés en France à des jugements rendus exécutoires conformément au Code français.

Nous nous rangeons donc à l'opinion émise par la jurisprudence dans les arrêts précités et à la doctrine soutenue par MM. Lévesque et Lallier.

Les titres étrangers autorisés en France sont soumis à deux catégories de règles : d'abord aux décrets spéciaux et aux principes généraux qui leur sont applicables en France : ces règles ont trait à l'autorisation de porter le titre ; ensuite aux lois qui les régissent dans le pays qui les a conférés : ces lois posées à l'étranger affectent l'existence même du titre. Il faut donc appliquer les règles de transmission établies par la loi étrangère ; à ce principe, il faut apporter une exception, la loi étrangère cessera d'être applicable, dès que ses dispositions violeront la loi de notre pays.

D'autres conséquences se dégagent encore de notre théorie : quand la loi étrangère supprime un titre étranger, celui-ci ne peut plus être porté nulle part. Que se produit-il quand cette suppression est opérée par la loi française ? Ce titre subsiste toujours dans son pays d'origine, mais en fait l'application de la loi française peut équivaloir au retrait de l'autorisation qui permettait d'en faire usage en France.

Avant de terminer ce paragraphe, nous voulons

poser et résoudre une hypothèse qui nous parait intéressante.

Un Français, naturalisé en pays étranger et par le fait même ayant perdu sa nationalité, obtient du souverain du pays auquel il appartient maintenant, un titre de noblesse et une adjonction de nom ; plus tard il redevient Français. On se demande s'il recouvrera cette qualité sous son nom modifié et s'il pourra porter en France le titre concédé par le souverain étranger ?

Il ne faut pas fictivement considérer l'ancien Français qui l'est redevenu, comme n'ayant jamais cessé de l'être. Ce serait une erreur. Cet individu a été étranger et on doit apprécier les changements apportés à sa condition, alors qu'il était étranger, comme s'il s'agissait d'un étranger quelconque qui se ferait naturaliser en France.

Pour l'acquisition du titre nobiliaire, la pratique de la chancellerie étend à l'étranger qui se fait naturaliser français et elle étendrait vraisemblablement par identité de motifs, au Français réintégré dans la qualité de Français les dispositions du décret du 5 mars 1859 (1).

Les principes que nous dégagerons de cette rapide étude de la noblesse étrangère, relativement au sujet qui nous occupe, à savoir l'usurpation de titres, seront les suivants :

(1) V. *Journal de droit international privé*, année 1896.

L'article 259 ne s'applique pas aux étrangers résidant en France, mais il vise le cas où un Français porterait sans droit un titre étranger. Pour établir son droit à un titre de ce genre il faut prouver non seulement que le titre a été légalement conféré par un souverain étranger, mais encore obtenir l'autorisation du chef de l'Etat français de le porter. Alors devenu valable en France, il continue néanmoins d'être régi par la loi étrangère, quant aux conditions de sa validité et de sa transmission.

RÉSUMÉ ET CONCLUSION

Maintenant il ne nous reste plus qu'à résumer les différentes questions traitées ici et à conclure.

Nous avions choisi comme sujet de cette étude l'usurpation de titres nobiliaires : après avoir montré l'intérêt surtout historique de ce sujet et aussi, sous certains côtés, son intérêt politique et social, nous avons jeté un rapide coup d'œil sur la noblesse dans l'antiquité et dans l'ancien droit, citant les sources diverses d'où elle découle et les privilèges auxquels elle donne droit. Puis, nous avons rencontré les titres nobiliaires qui nous sont apparus comme un complément de la noblesse, n'emportant avec eux aucun privilège particulier. C'est très justement que l'on a dit que les titres sont à la noblesse ce que la broderie est à un manteau de pourpre. La noblesse et les titres sont d'abord le partage et la récompense des serviteurs dévoués du pays qui les transmettent à leurs descendants comme un juste héritage d'honneur et de loyauté. Mais bientôt, sous différentes causes, la fraude envahit tout, et l'usurpation se multiplie.

Alors les rois édictent des dispositions sévères contre les usurpateurs de noblesse : on leur reproche principalement de léser le Trésor public, en se parant faussement d'une qualité qui les exempte d'impôts. En même temps on ferme les yeux sur les usurpations de titres commises par des individus possédant déjà légitimement la qualité de noble : ce fait ne cause aucun préjudice aux finances de l'Etat.

Quant à la particule et aux noms de terre, c'est à tort que l'opinion publique les regarde comme des signes nobiliaires : sous l'ancien régime, ils ne l'ont jamais été et on n'a jamais rangé autrefois les usurpations de particules et de noms de terre au nombre des usurpations de noblesse.

Au contraire nous trouvons des mesures pénales contre l'usurpation des armoiries timbrées, forme de l'usurpation de noblesse.

Malgré toutes les mesures prises par la royauté, à la fin du XVIIIe siècle, le nombre des faux nobles était considérable et l'institution de la noblesse devenait elle-même par ce fait fortement discréditée.

La Révolution fait table rase de tout le passé. La noblesse et les titres sont proscrits et il est défendu sous des peines très graves non seulement à ceux qui n'y ont aucun droit, mais aussi aux représentants des familles les plus illustres et les plus vénérables, de placer devant leur nom aucune qualification honorifique.

Le calme renaît, et Napoléon est couronné empereur. Le besoin des distinctions et des honneurs, besoin inhérent à la nature humaine, reparaît immédiatement. Des titres impériaux sont créés pour récompenser les services rendus à l'Etat. Ces titres peuvent même être transmis héréditairement sous la condition de fondation d'un majorat.

Cependant le mot de noblesse n'est pas prononcé : et d'ailleurs c'est avec raison, car là où il n'y a plus de privilèges, il n'y a pas de noblesse. Les titres constituent de simples qualifications honorifiques ; le Code pénal de 1810 protège ces titres contre l'usurpation.

La Restauration prétend reconstituer la noblesse ancienne, elle se trompe. Le roi rétablit les titres anciens, et à ceux-ci, comme aux titres impériaux, il accorde la sollicitude et la protection de la loi ; il peut conférer à ses sujets des titres : il ne peut, malgré les expressions impropres de la Charte, créer des nobles à volonté.

La Monarchie de juillet reconnaît également les titres de noblesse, mais efface du Code toute disposition répressive contre les usurpateurs.

Sous la République de 1848, nous assistons à une nouvelle abolition des titres.

Enfin, le second Empire rétablit ces mêmes titres et consacre à leur protection une loi spéciale votée en 1858, loi modificative de l'article 259 du Code pénal, non abrogée de nos jours; et qui va plus loin, non pas sous le rapport de la pénalité, mais sous celui de la détermination du délit, que les dispositions qui l'ont précédée dans le cours du siècle, et même sous l'ancien régime.

L'altération ou le changement de nom sans droit, dans un but honorifique, est assimilé à l'usurpation de titres : on punit aujourd'hui l'usurpation de la particule ou d'un nom de terre, alors que la royauté se refusait à considérer ce fait comme un délit.

De plus, nous l'avons dit, jadis ce n'était pas l'usurpation de titres qui était réprimée, mais l'usurpation de noblesse, car elle causait un préjudice à l'Etat.

Pour justifier la loi de 1858, on a invoqué l'intérêt de la morale et l'intérêt du Gouvernement. l'intérêt de la morale : il faut protéger la propriété des titres et des noms honorifiques comme les autres propriétés.

C'est l'idée exprimée par Vauvenargues :

« La noblesse est un héritage comme l'or et les diamants. Ceux qui regrettent que la considération des grands emplois et des services passe au sang des hommes illustres accordent davantage aux hommes riches, puisqu'ils ne contestent pas à leurs neveux la possession de leur fortune bien ou mal acquise. »

Quant à l'intérêt du Gouvernement, il semblait alors manifeste que l'Empire devait assurer la protection des titres, et que leur éclat rejaillirait sur lui.

Nous savons combien l'article 259 modifié fut d'une application difficile ; les matières nobiliaires sont confuses, et souvent en présence d'un titre, il est très embarrassant de se prononcer sur sa valeur, étant données l'incertitude et la variété qui règnent dans les questions de collation et de transmission des titres.

Mais nous ne sommes plus à l'année 1858 : à l'Empire a succédé un autre gouvernement ; la Constitution de 1875 a organisé la République. Dans un régime démocratique comme le nôtre, les collations de titres ont, bien entendu, cessé, car la noblesse héréditaire et même la noblesse personnelle ne se comprennent pas.

Et cependant la législation de 1858 subsiste toujours, sans doute non appliquée, à l'état de lettre morte, mais enfin elle subsiste, paraissant un anachronisme.

Ce qui fait le mérite aujourd'hui, aux regards des citoyens, ce ne sont pas la noblesse et les distinctions honorifiques, c'est la vertu : un homme de cœur n'a pas besoin d'ancêtres. Rappelons-nous ce mot profond d'un jeune et brillant académicien M. Henri Lavedan : « Quand on veut de la gloire, on s'en fait une, et l'on ne va pas chercher celle d'un Monsieur qui vivait il y a 400 ans (1). »

____

(1) H. Lavedan, *Les deux noblesses*.

Nous sommes partisan de la protection de tous les noms patronymiques. Mais pourquoi donc aujourd'hui ne punit-on que l'usurpation des titres honorifiques

Nous estimons qu'une loi réprimant les usurpations de noms quels qu'ils soient serait bonne : ainsi seraient protégés l'identité des individus et l'état civil des familles.

Pourquoi également maintenir l'article 259 tel qu'il est ; et alors que l'on refuse de reconnaître la noblesse et les titres, pourquoi menacer d'amende les usurpateurs de titres ? Les titres ne sont pas partie intégrante du nom : ils sont les épaves d'un passé disparu. Pourquoi permettre leur insertion dans les actes publics et leur accorder protection ?

Revenons, quant à eux, à la législation de 1832, ne les proscrivons pas, mais laissons-les tomber dans le domaine public. Les mœurs achèveront de les abolir.

De plus l'article 259 actuel, s'appliquant aux nationaux et non aux étrangers résidant en France, constitue pour les premiers un singulier privilège qu'il est temps de faire cesser.

Considérons la noblesse comme un fait indifférent : la libe rté serait laissée dans les actes privés ; mais on pourrait frapper d'une taxe annuelle et uniforme les propriétaires qui voudraient porter des armoiries timbrées.

Dans ce système la démocratie serait satisfaite, sans froisser l'aristocratie.

Une République ne doit pas emprunter à l'arsenal de l'ancien régime ses vieilles armes rouillées.

Nous n'acceptons donc pas la conclusion donnée par un publiciste dans de récents articles qui ont attiré l'attention ; nous la citons néanmoins comme curiosité (1) :

« Le jour, écrit-il, où la noblesse française deviendra gênante pour la démocratie française, celle-ci n'aura qu'à procéder à la révision des titres à la Louis XIV. Cette mesure réjouira fortement quelques centaines de vrais nobles et fera rentrer dans les cadres de la bourgeoisie cent mille ducs, comtes, etc...

« La particule *de*, que tout le monde adopte chez nous comme si nous étions des Polonais ou des Russes en voyage, se fera alors bien plus rare que le nombre de nos commandeurs de la Légion d'honneur... La démocratie s'avisera aussi peut-être un jour de faire ce que la Norvège a fait en 1819, c'est-à-dire d'abolir tous les titres de noblesse, y compris les ducs, les comtes et les barons. »

Et ailleurs :

____

(1) V. Vicomte de Royer, *Avons-nous une noblesse française ?* Extrait de la *Revue des Revues*.

« Pour guérir la société française de la vanité des titres qui la ronge, il faudrait lui prouver d'une façon solennelle que l'homme ne vaut que par ses propres mérites.

« Chaque Français, à sa naissance, sera inscrit comme empereur ou archiduc, et à mesure que ses services rendus à la patrie le feront distinguer de la foule de ses concitoyens, on en fera un simple duc, marquis, comte, jusqu'au jour où, honneur suprème, on le proclamera simple citoyen français..... Le citoyen français, le grand, le vrai serait celui à qui les services rendus à la patrie permettraient de se dépouiller de tous ces faux jetons qui diminuent son individualité. »

Nous ne proposons pas de solutions de ce genre. Il nous paraît suffisant de ne tenir aucun compte des titres dans tous les actes publics, de ne leur accorder aucune protection légale sans toutefois les proscrire de la vie privée.

Nous avons terminé la tâche que nous nous étions proposée : nous n'avons pas la prétention d'avoir tout dit sur une matière aussi vaste ; beaucoup de détails ont été omis.

Nous avons essayé de tracer les grandes lignes de la question de l'usurpation de titres et de mettre en lumière les points principaux.

Les conclusions que nous nous sommes permis de

formuler, peut-être un peu témérairement, ne sont inspirées que par un désir: voir notre législation française s'inspirer de plus en plus des idées de justice et de liberté dont notre pays a toujours été l'ardent propagateur dans le monde !

Vu :
Le Président de la thèse,
LAINÉ.

Vu :
Le Doyen,
GLASSON.

Vu et permis d'imprimer :
Le Vice-Recteur de l'Académie de Paris,
GRÉARD.

TABLE DES MATIÈRES

                                                         Pages

INDEX ALPHABÉTIQUE DES OUVRAGES CONSULTÉS ET CITÉS . . . . . IX à XV

INTRODUCTION 1

CHAPITRE PREMIER

La noblesse dans l'antiquité et dans l'ancien droit français

SECTION I. — La noblesse dans l'antiquité 11

SECTION II. — La noblesse en France sous l'ancien régime. . 15

   § 1. — Origine de la noblesse, ses sources, ses privilèges. 15

   § 2. — Des titres de noblesse 36

   § 3. — De l'usurpation de noblesse et de l'usurpation
        de titres 47

SECTION III. — De la particule dite nobiliaire et des noms de
        terre. 73

SECTION IV. — Armoiries et timbres 79

CHAPITRE II

Les titres et la Révolution.

SECTION UNIQUE. — Législation révolutionnaire. — Suppression
        de la noblesse et des titres. — La particule
        et les noms de terre 85

CHAPITRE III

Les titres et autres signes nobiliaires
dans le droit moderne.

SECTION I. — Législation sur les titres de noblesse depuis leur
        rétablissement sous le 1er Empire jusqu'à la
        loi de 1858. 96

   § 1. — La noblesse impériale 96

   § 2. — De la Restauration à la loi de 1858 107

Section II. — La loi de 1858. — Situation actuelle 120
    § 1. — Historique de la loi de 1858 120
    § 2. — Le droit actuel 130
Section III. — Compétence en matière d'usurpation de titres
    et de nom 184
    § 1. — De la compétence en matière d'usurpation de
    titres nobiliaires 185
    § 2. — De la compétence en matière d'usurpation de
    noms honorifiques 224

CHAPITRE IV

La noblesse étrangère.

Section I. — De la législation sur les titres à l'étranger et de
    la situation de l'étranger anobli ou titré rési-
    dant en France 240
Section II. — Situation en France du Français anobli ou titré
    par un prince étranger 253

Résumé et conclusion 265

Imp. J. Thevenot, Saint-Dizier (Haute-Marne)

RED. :

19

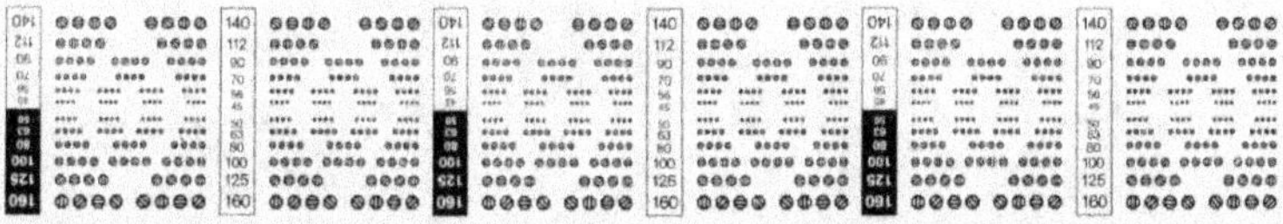

MIRE ISO N° 1
NF Z 43-007
AFNOR
Cedex 7 - 92080 PARIS-LA-DÉFENSE

graphicom